南昌大学青年学者经管论丛

政府干预、金字塔股权结构与上市公司资产注入绩效研究

RESEARCH ON GOVERNMENT INTERVENTION,
PYRAMID OWNERSHIP STRUCTURE AND
ASSET INJECTION PERFORMANCE OF LISTED COMPANIES

成志策　著

社会科学文献出版社
SOCIAL SCIENCES ACADEMIC PRESS (CHINA)

摘　要

　　我国 2005 年开始的股权分置改革堪称近年来资本市场上具有里程碑意义的一个重要标志，自此之后，资本市场过去流通股与非流通股股权分置的局面一去不复返，包括国有股在内的所有股份都可以自由流通，这也带动了一些现象在资本市场的出现并不断演化，大股东向上市公司注入资产就是其中之一。很多学者关注到：一方面，国家鼓励大股东向上市公司注入优质资产，实现资产整体上市并促进上市公司的做大做强；另一方面，大股东能从资产注入当中获得一定的股权增值收益，因而无论是政府控股的国有上市公司还是私人控股的民营上市公司，都出现了如火如荼的资产注入热潮。近年来，很多研究都对大股东资产注入的动因、经济后果等进行了探讨。有研究认为资产注入对上市公司能够产生协同效应和产业链整合效应，并减少关联交易，是大股东对上市公司的一种"支持"，但更多研究发现从长远来看，资产注入其实还是大股东"掏空"上市公司价值、向自身进行利益输送的一种手段。但是，本书注意到，地方国有上市公司在资产注入中是一支"主力大军"，而且地方国有上市公司的大股东通常是地方国资委或地方国有企业集团等，这些大股东实质上是地方政府的"幕前代言人"，地方政府能够通过它们更加便利地干预地方国有上市公司中包括资产注入在内的各项经济活动。此外，在我国这样一个转轨经济体中，政府对经济和企业的干预是非常普遍的现象，虽然在市场尚不能完全有效地发挥资源配置的决定性作用时，政府干预是一种必不可少的替代和补充机制，能够产生一定的"支持之手"作用，但在现实中，政府对宏观和微观经济活动的干预"越位"、过度所造成的经济失衡、市场秩序不规范、企业经营目标不能很好实现、企业经营效率低下等各种问题同样引人深思，它们是政府干预"掠夺之手"的具体反映。现有研究鲜有从政府干预层面出发，基于地方政府是地方国有上市公司实际控制人这一特征，来研究政府干预在地方国有上市公司资产注入活动中更多表现为"支持之手"还是"掠夺之手"。因此，本书研究的第一个问题是政府干预究竟是提高还是降低了地方国有上市公司资产注入后的公司绩效，身为实际控制人的地方政府在资产注入中是否有"掏空"动机和对公司绩效的"掠夺"。对这一问题的分析，有利于丰富关于政府干预和资产注入问题的研究，为进一步厘清我国当前的政企关系提供一定的参考。

另外，本书还注意到，我国地方国有上市公司普遍通过金字塔股权结构为国有大股东所控制，并且金字塔股权结构是伴随着我国国有企业改革的逐步推进而建立和发展的，国家在中央和地方大型国有企业集团引入金字塔股权结构的一个主要目的就是希望借助金字塔持股模式的特点来优化政企关系、逐步实现政府所有者职能和社会行政职能的彻底分离。而且，国内外一些研究也证实，金字塔股权结构除了具有实现终极控制人两权分离、有效配置集团内部资源、缓解内部企业融资约束等优势外，还有一个重要功能就是防御政府等外部力量对企业的干预。现有研究尚未专门探讨金字塔股权结构对地方政府干预地方国有上市公司资产注入行为所起的防御作用，从金字塔内部多层级、多链条特征来探讨金字塔股权结构防御

作用的研究也不多。因此，本书研究的第二个问题是若政府干预在
地方国有上市公司资产注入中的"掠夺之手"存在，金字塔股权结
构是否能够显著缓解这种"掠夺"效应，金字塔股权结构的层级和
链条数对抑制政府干预功能的发挥又会有何种内在的影响。对这一
问题的探讨，有利于充实关于金字塔股权结构防御作用的研究，为
我国国有上市公司股权结构和公司治理机制的完善提供一些经验
证据。

　　基于上述思路，本书在回顾国内外相关研究的基础上，首先结
合政府干预地方国有企业的制度背景，对政府干预的动机、手段、
类型、结果等进行分析；其次研究政府对地方国有上市公司资产注
入进行干预的动机、手段和后果；再次从金字塔股权结构的特征、
作用出发，结合其在我国地方国有集团建立、发展的制度背景，分
析金字塔股权结构是如何抑制政府干预对地方国有上市公司资产注
入绩效的"掠夺"的；复次在理论分析的基础上，提出相应的研究
假设，并以2006～2011年我国地方国有上市公司资产注入事件作为
具体研究对象，对政府干预与资产注入绩效的关系以及政府干预、
金字塔股权结构与资产注入绩效间的关系展开实证检验；最后以实
证分析结果为基础，归纳本书的研究结论，并提出相关的政策建议。

　　本书的主要研究结论有：

　　（1）由于我国的经济转型特征，相对于发达的市场经济体而言，
我国的市场经济仍处于一个制度、体系等都有待进一步健全和完善
的阶段，市场的资源配置作用还不能得到充分的发挥，因而政府对
经济的干预依然是我国当前市场经济发展中的重要力量和市场失灵
时的替代机制。然而，在企业的经济活动中，由于政府和企业的目
标函数存在不一致，政府及官员牺牲企业经营目标以优先满足自身
政治目标、社会治理目标等的现象较为普遍，他们迫切需要通过一

些途径和手段来干预企业，以便在短期内快速实现自身目标、转移负担，并在政绩观驱动下的晋升竞争中胜出。一方面，从政府干预企业的实现路径来看，资产的并购重组是能够较快满足政府及官员有关诉求的主要方式之一；另一方面，从上市公司所有权性质来看，在各个地区，地方国有上市公司多由地方国资委或大型国有集团控制，而这些部门或集团代表地方政府充当地方国有上市公司的所有者，真正的控制主体就是地方政府，因而相对于私人控制的民营上市公司而言，地方国有上市公司受政府干预的影响更为深入和频繁。资产注入是股权分置改革后企业热衷于采用的一种并购重组模式，作为地方国有上市公司的实际控制人，地方政府有动机也有条件将一些未上市的劣质资产注入地方国有上市公司，这样能在短期内进一步扩大地方国有上市公司规模，甩掉盈利性差、流动性差的国有资产"包袱"。对于地方政府及官员而言，这是政绩的体现，但对于地方国有上市公司而言，这些资产不仅不能带来边际利润，还有可能与公司的主营业务关联性不大，不能产生较好的资源整合效应，反而对未来的绩效产生"拖后腿"的不利后果，政府干预下的"拉郎配"式资产注入更可能在以后对地方国有上市公司绩效产生"掠夺"效应。而民营上市公司虽然也面临一定程度的政府干预，但地方政府毕竟不是其大股东和实际控制人，再加上防止国有资产流失的考虑，政府通常不会强制要求民营上市公司接纳这些政府控制的资产；民营上市公司大股东在向上市公司注入自己控制的资产时，也会比国有大股东更全面考虑资产注入后的公司绩效是否能有所提高、是否有助于促进股东财富的增长。因此，本书认为，从产权性质上看，相对于民营上市公司的资产注入，地方国有上市公司资产注入后的公司绩效更差。基于以上分析，本书通过对相关数据的实证检验，证明了这一结论。

（2）受区位条件、历史变迁和国家政策等的影响，我国各省份在经济发展、基础设施建设、人民生活水平乃至政府治理成熟度等方面都存在较大差异。总体而言，从东部沿海地区向西部内陆地区，地区的市场化程度呈现由高向低递减的趋势。在我国，市场化程度较高的地区尽管与世界上发达国家和地区相比，仍有一定差距，但相对于市场化程度较低的地区，其市场经济、资金和人才的吸纳及利用能力、制度建设和执行、监管和惩处力度等已发展到一个较为成熟、完善的层次和水平，市场竞争更趋于良性化，各种信息能在市场上得到及时、有效的呈现和反馈，公司治理机制等也能更好地发挥作用。与市场化程度呈现近似于"此消彼长"关系的则是政府干预程度，地区市场经济水平的不断提高意味着市场在经济发展、资源配置等方面的决定性作用愈加显著，相应地，政府干预这一市场替代机制的作用范围和程度会有所缩减、弱化；反之，市场化程度越低，政府对辖区内经济发展、企业活动等的干预程度就越高。

由此，对我国地方国有上市公司所在地的政府干预程度和市场经济发展程度进行相应量化后，政府干预对地方国有上市公司资产注入后公司绩效的影响情况能得到更全面的考察。当地方国有上市公司面临的政府干预程度越高，政府拥有越多的便利来对上市公司资产注入活动施加行政压力、转移政府目标和政策性负担，通过强制推动地方国有上市公司资产注入来"掏空"上市公司和向自身输送利益的动机、效应也越强。而当地方国有上市公司处于市场经济发展程度较高的地区时，市场在资源配置中的决定性作用就能得到强化，良好的法律监管机制和执行效率也能够对利益侵害、权力寻租等行为起到较大的约束作用，从而在一定程度上抑制资产注入中的政府干预对地方国有上市公司所产生的"掠夺之手"。因此，本书认为，从政府干预水平和市场化进程上看，地区的政府干预程度越强和市场经济发展程度越低，地方国有上市公司资产注入后的公司绩效越差。基于以上分析，本书采用樊纲等（2011）编制的"中国市场化指数"的有关指标，按照上市公司所在省份对其所面临的政府干预程度和市场经济发展程度加以度量，并对相关数据做实证检验，从而证明了理论分析得出的结论。

（3）我国地方国有上市公司的金字塔股权结构是伴随着国有企业改革的逐步推进而形成和发展的，国家在大型国有企业集团引入金字塔股权结构的初衷就是在保证国有产权不动摇的前提下，渐进地推动国有企业政企分开，强化企业自主经营权和市场主体地位，并推动政府职能的进一步明晰。随着我国证券市场的建立和壮大，越来越多的国有企业在政府和集团的推动下成为上市公司，而顺应新形势下国有上市公司的管理需要而设立中央和地方国资委，不仅解决了所有者缺位问题，还最终确立了国有资产管理部门（国资委）—国有资产经营公司—国有企业（包括国有控股上市公司）的三级国有公司金字塔持股模式。金字塔股权结构在政府和地方国有上市公司之间插入了多个中间层公司，提高了政府干预地方国有上市公司的成本，抑制了政府对地方国有上市公司的干预，并在市场不健全、法律保护程度较弱时成为地方国有上市公司防御政府干预、减轻政府干预"掠夺之手"的重要替代机制。因此，本书认为，由于金字塔股权结构具有抑制政府干预的功能，相对于没有金字塔股权结构的地方国有上市公司，在具有金字塔股权结构的地方国有上市公司，政府干预对资产注入后的公司绩效的"掠夺"程度得到显著缓解。基于以上分析，本书利用我国上市公司的经验数据，对理论假设做实证检验，并证明了这一结论。

（4）金字塔股权结构的显著内部特征之一是其具有多控制层级和控制链条，这样的控制特征是政府干预上市公司难度增大的主要原因。当金字塔股权结构的纵向层级增多时，某些层级的代理人同时也是委托人，因此更多严重的多层代理问题随之产生，控制链上各公司之间的利益冲突会更严重，这将会导致信息传递缓慢、滞后，产生较高的信息传递成本，由此导致代理成本增加，而这些增加的代理成本和信息传递成本有相当一部分必须由政府承担，政府在权衡干预的成本和收益之后会选择进一步"放权"，从而减少对位于金字塔底部的地方国有上市公司的干预；当金字塔股权结构的横向代理链增多时，中间层容纳的公司数量得到更大范围的扩充，政府的干预行为会受到更多链上的公司和自然人的干扰，加剧了政府面临的信息不对称程度，并进一步增加了政府为实施干预和侵占行为必须承担的代理成本、监督成本等，因而也能有效抑制政府对地方国有上市公司的各种干预。

由此，当地方国有上市公司进行资产注入时，金字塔内部的层级越多，链条数越多，其内部的委托—代理关系和由此导致的冲突、干扰等就越多，身为终极控制人的政府干预上市公司资产注入行为所产生的代理成本、信息传递成本、监督成本等也越高。当这些成本高于政府期望通过对上市公司资产注入的干预而取得的各种收益时，政府及官员的理性行为是相应减少对地方国有上市公司资产注入活动的干预，从而使得地方国有上市公司资产注入中的政府"掏空"程度降低，公司资产注入后的绩效得到一定改善。因此，本书认为，金字塔股权结构的层级较多、链条数较多的地方国有上市公司，金字塔股权结构对资产注入中政府干预的抑制作用较明显，并且抑制政府干预对资产注入后公司绩效的"掠夺"、改善公司绩效的程度要强于金字塔层级、链条数较少的地方国有上市公司。基于以上分析，本书根据金字塔层级和链条数的中位数，对样本公司金字塔层级、链条数的多少进行划分，利用相应数据做实证分析，证明了上述结论。

本书的主要创新点是：（1）将地方国有上市公司资产注入后公司绩效变差的原因归咎于政府的干预，从另一个角度揭示了政府干预企业的现象；（2）以地方国有上市公司资产注入这一事件为切入点，进一步验证了金字塔股权结构具有防御政府干预的功能；（3）在具体的研究变量和指标设计方面，进一步从纵向层级和横向代理链两个维度特征研究了金字塔股权结构的层级和链条数在防御政府干预中的作用，并进行了实证检验，深化了金字塔股权结构防御作用的研究。

关键词： 政府干预　金字塔股权结构　资产注入　公司绩效地方国有上市公司

Abstract

The non-tradable share reform beginning in 2005 has been called an important milestone mark on the capital markets in recent years, and since then, the separation of tradable shares and non-tradable shares in the past capital market has gone, even the state-owned shares are tradable. All shares are freely circulate, which also leads to some phenomena rising and developing in the capital market, and major shareholders injecting assets into listed companies is one of those phenomena. Many scholars has found that on the one hand, the Chinese government encourages major shareholders of listed companies to inject high-quality assets into companies to achieve overall listing and promote listed companies to become bigger and stronger. On the other hand, certain equity value-added benefits can be made by asset injections of major shareholders. Therefore, asset injections are upsurged both in state-owned and private-owned listed companies. In recent years, many studies have argued on the motives and the economic consequences of major shareholders' asset injections. Some studies show that asset injections generate synergy effects, enhance the integration of industrial chains, and also reduce the related party transactions which are "supports" from major shareholders. But more researches find that in the long run, the asset injection is a measure for major shareholders to "tunneling". However, this work notes that the local state-owned listed companies constitute a procession of "main force" in the asset injection. Besides, major shareholders of local state-owned listed companies are usually local SASAC or local state-owned conglomerate firms, and these major shareholders are essentially local government's "front-stage voice", thus the local government can intervene in local state-owned listed companies through their economic activities more conveniently. In addition, in a transition economy like China, government intervention in the economy and the enterprises is a very common phenomenon. When the market still doesn't fully effectively play a decisive role in the allocation of resources, the government intervention is an essential alternative and complementary mechanism that can generate some "supporting" functions, but in reality, the "offside" government intervention in macro-economic and micro-economic activities causes excessive imbalances, the non-standardized market order and business inefficiencies, and makes enterprises not achieve business objectives properly. These problems are equally thought-provoking, and are concrete reflections of government "grabbing hand". Few existing studies discuss from the perspective of government intervention to study whether the local government intervention in the asset injection is the "supporting hand" or "grabbing hand", which is based on the characteristic that the local government is the actual controller of local state-owned listed companies. Therefore, the first question of this work is whether the government intervention improves or reduces the local state-owned listed companies' performance after the asset injections, and whether there exists the motivation of "tunneling" by the local government. Analyzing this issue would enrich the studies of the government intervention and the asset injection, and provide a reference for further clarifying the relationship between the government and enterprises in China.

In addition, this work also notes that our local state-owned listed companies are generally controlled by the state-owned shareholders through the pyramid ownership structure, and the pyramid ownership structure is established and is developing gradually accompanied by the reform of China's state-owned enterprises. The main purpose of the introduction of the pyramid ownership structure in state-owned enterprises is to optimize the relationship between the government and enterprises by means of the characteristics of the pyramid shareholding pattern, and then gradually realize the separation of the government's ownership function and community administrative function. Moreover, some researches have confirmed that the pyramid ownership structure helps to achieve the ultimate controllers' separation of ownership and control and effective allocation of the Groups' internal resources, and alleviate internal corporate financing constraints. In addition, one important feature of the pyramid ownership structure is that it can defense the external forces' intervention on enterprises, such as the government. Existing studies have not specifically discussed the pyramid ownership structure's defensive role on local government intervention on local state-owned listed companies' asset injections, and few researches have studied the pyramid ownership structure's defensive role from its multi-layer and multi-chain feature. Therefore, the second question of this work is that if the "grabbing hand" of the government intervention exists in local state-owned listed companies' asset injections, whether the pyramid ownership structure can significantly alleviate the "grabbing" effect, and what inherent impacts the pyramid ownership structure's layers and chains would have on restraining the government intervention. Discussing this issue would help enrich the studies of the pyramid ownership structure's defensive role, and provide some empirical evidence in order to improve ownership structures and corporate governance mechanisms of China's state-owned listed companies.

Based on the above ideas, after reviewing related domestic and foreign studies, the work introduces the regulation background of the government intervention in local state-owned enterprise at first, and then analyses motives, means, types and outcomes of the government intervention. Next, the work studies motives, means and consequences of the government intervention on asset injection activities. Last, from the features and the functions of the pyramid ownership structure, accompanied with the institutional background, the work analyses how the pyramid ownership structure improves local state-owned listed companies' performance after asset injections by restraining the government intervention. On the basis of theoretical analysis, this work proposes the corresponding research hypothesis, uses asset injection events of Chinese local state-owned listed companies from 2006 to 2011 as the sample, and tests the relationship between the government intervention and asset injection performance as well as the relationship among the government intervention, the pyramid ownership structure and asset injection performance. Finally, based on the empirical analysis, the results and the conclusions of this work are summarized. With that, the work proposes several related policy recommendations.

This work gets the following conclusions:

(1) Compared with developed countries, due to the incompleteness

and imperfectness of market-oriented economy, it is impossible to make the market fully play its role in distributing resources in China. Thus, the government intervention still plays a key role in the development of China's current economy and it could be a substitutive mechanism of the market. Meanwhile, it is common that the government and government officials take precedence to fulfill their own political goals or society governance goals with the sacrifices of operating goals of companies. In order to quickly reach their goals and transfer the burdens, and get promotion under the idea of achieving their official careers, government officials are urgent to intervene in companies through different ways. On the one hand, with the methods of the government intervention on companies, mergers and acquisitions of properties can quickly satisfy the government and officials. On the other hand, with the ownership of listed companies, local state-owned listed companies are usually controlled by the local State-owned Assets Supervision and Administration Commission (SASAC) or state-owned conglomerate firms, and their actual controller is the local government. This makes the government intervention on local state-owned listed companies is more intensive and frequent. The asset injection is preferred as a merger and acquisition model after the reform of non-tradable shares. Since the local government has the ability and the motivation to inject low-quality assets into local state-owned listed companies as a controller, asset injctions help the local government to enlarge scales of local state-owned listed companies and get rid of burdens of non-profitable state-owned assets. But those assets cannot bring any margin profits. What's worse, they may be irrelevant to companies' primary business and not generate positive effects of resource integration, which would be a disadvantage for the future performance. It is more likely to be a "tunneling" effect on local state-owned listed companies in the future with the "forced marriage" style of asset injections under the government intervention. The government is not the substantial shareholder of private-owned listed companies, and due to the reason of protection of state-owned assets, it is unlikely to force private-owned listed companies to take over assets which controlled by the government. Private-owned listed companies will consider more about the effect on its progress of performance and shareholders' wealth after asset injections. Based on the analysis above, it is possible to conclude that the performance of local state-owned listed companies would be worse than private-owned listed companies after asset injections with considering of the ownership. This conclusion has been proved by the empirical research of this work.

(2) Economy development, infrastructure construction, living standard and even the government governance degree between different provinces (cities) have substantial differences due to the effect of location, historical change and government policy. In general, the marketization degree has a decreasing trend from the eastern coastal regions to the western inland regions. Although a huge gap still exists from developed countries, in China, compared with the low marketization regions, in the high marketization regions, the degree of market-oriented economy, the ability of absorbing and using capitals and talents, the system construction and enforcement, the regulation and punishment have all developed to a mature and complete level. The inverse relationship between the degree of the marketization and the government intervention shows that the increase of the degree of market-oriented economy means the improvement of the domi-

nant role of market on the economy development and the resource distribution. Accordingly, the effect of the government intervention as a substitute of marketization would be shortened or reduced, and vice versa.

Therefore, it would be helpful to deepen observations on the government intervention on the performance of local state-owned listed companies after asset injections, with quantizing the degree of the government intervention and the degree of the market development where local state-owned listed companies are located. The higher the degree of the government intervention on local state-owned listed companies, the more convenience the government has to give more pressure and transfer official goals and burdens toward companies' asset injection activities. And the motivation and the effect of "tunneling" and self benefit transferring of the government through forcing companies' asset injections would be stronger. The result would be different at the region with higher level of market development. Since the market dominant effect on the resource distribution is stronger, and better legal regulation and enforcement would be restrictions to such infringement behavior and rent-seeking, a certain restraint on "tunneling" of the asset injection under the government intervention would emerge. Therefore, this work points out that the stronger the degree of the government intervention and the lower the degree of the market development of an area, the worse the performance of local state-owned listed companies would be after asset injections. Based on the analysis above, this work adopts the index of "Chinese marketization index" to measure the degree of the government intervention and the degree of the market development of the province (city) where local state-owned listed companies are located, and the empirical study has proved the conclusion of the theoretical analysis.

(3) The pyramid ownership structure of local state-owned listed companies has developed with the promotion of the reform of state-owned enterprises. The original intention of introducing the pyramid ownership structure is to progress the separation of the government and enterprises step by step and strengthen the enterprise's independent operation and principle statue in the market, without changing the ownership of state-owned properties. More and more state-owned enterprises have become listed by the promotion of the government and conglomerate firms with the formation and growing of Chinese stock market. The problem of the owner's absence has been solved with the establishment of central and local SASAC, and meanwhile, the three-level pyramid model of state-owned listed companies which includes SASAC, the state asset management company and the state-owned enterprise (including the state-owned listed company) has also been radicated. The pyramid ownership structure increases the cost of the government intervention and restrains the government intervention on local state-owned listed companies by inserting many different levels of intermediate companies. It could be an important substitutive mechanism of preventing the government intervention and reducing the "tunneling" effect when the market is imperfect and the legal protection is weak. Based on the analysis above, this work stresses that the performance of local state-owned listed companies with the pyramid ownership structure is better than those without the pyramid ownership structure, as the pyramid ownership structure has the function of restraining the government intervention. This conclusion has been proved by the empirical research of this work.

(4) Multi-layer and multi-chain is a notable feature of the pyramid

ownership structure and it is the main reason that makes government intervention difficult to take effect. With the increasing of vertical layers, there would be more serious agency problems for those agents who are also client. Thus, the information transfer would be delayed and there would be more agency costs which should be taken by the government. Finally, the government would further "decentralize" after balancing costs and benefits and the government intervention would be reduced. With the increasing of horizontal agency chains, the capacity of company amount would be enlarged at the interlayers, and then the government intervention will get more interference from the companies and entities on the chains, which increases the information asymmetry for the government. Finally, agency costs and supervision costs would be additionally increased for government intervention and encroachment activities, thus the pyramid structure could be an effective way to control government intervention on local state-owned listed companies.

Thus, the more layers the pyramid structure has, the more conflicts and disturbances from the agency relationship during local state-owned listed companies' asset injections would emerge. Agency costs, information transferring costs and supervision costs would increase during the government intervention, for the government is a controller under such situations. When the costs exceed the expected returns from asset injections, the rational choice of decreasing the asset injection activities by the government intervention would be chosen. Thus, the degree of government "tunneling" effect in asset injections would decrease and the performance of companies injected would increase. Based on the analysis above, this work proposes that the more layers and chains the pyramid ownership structure has, the more restraining effects on the government intervention during asset injections in local state-owned listed companies would emerge. And the performance would be better after asset injections. Based on the analysis above, the number of layers and chains of the pyramid ownership structure would be classified based on medians of layers and chains. The above conclusions have been confirmed by the empirical research of this work.

The main innovations of this work are as follows: (1) The work explains the government intervention on enterprises with another angle by attributing local state-owned listed companies' worse performance after asset injections to the government intervention. (2) The work gives a further confirmation of the pyramid ownership structure's restraining effect on the government intervention with the event of asset injection. (3) At the part of specific variable and indicator designing, we conduct a further study of the restraining effect of the pyramid structure on government intervention based on the characteristics of vertical layers and horizontal agency chains, together with the empirical test, which deepens the study of the restraining effect of the pyramid ownership structure.

Key words: Government Intervention   Pyramid Ownership Structure   Asset Injection   Corporate Performance   Local State-Owned Listed Company

CONTENTS | **目 录**

CONTENTS

1 导论

本章基于我国资本市场的现实背景，提出几个主要的研究问题，并对研究这些问题的理论和实践意义进行阐述；接下来介绍了本书的主要研究内容、基本框架结构、研究思路和方法；最后总结本书的主要创新点和可能存在的局限性。

1.1 研究背景及意义

1.1.1 研究背景

我国证券市场建立于 20 世纪 90 年代初期，当时主要的定位是为国有企业公司制改革服务。很多国有企业通过剥离部分资产、组建股份有限公司的方式得以上市，但这种分拆上市的模式使得大量与上市公司主营业务相关的资产仍留在了母公司，人为割裂了上市公司与母公司（即控股股东）的产业链关系，不利于上市公司业务发展和业绩提高。同时，为了稳固公有制经济主体地位，防止国有资产流失，国有上市公司的股份曾长期处于"股权分置"状态，即股份被人为分割为可流通股和不可流通股两类，上市公司股权高度集中的"一股独大"式结构也由此形成。这些都阻碍了上市公司的健康发展和规模的扩大，也难以调动广大股东的积极性。

为了促进我国上市公司，尤其是大型国有上市公司做大做强，提高上市公司质量，自 2005 年起，股权分置改革拉开序幕。国家有关部委先后出台了一系列政策法规，鼓励控股股东将优质资产注入上市公司，实现具有优良资产公司的整体上市，支持上市公司通过并购重组实现做大做强的目标。国资委相关负责人也在公开场合多次强调"要加快整体改制、整体上市的步伐"，"要鼓励已经上市的国有控股公司通过增资扩股、收购资产等方式，把主营业务资产全部注入上市公司"。① 此后，在我国资本市场，资产注入的热潮兴起并逐渐发展壮大，上市公司的大股东②纷纷通过定向增发新股、资产置换等方式将未上市的资产注入上市公司，资产注入也成为我国股权分置改革后资本市场的一大热点问题。然而，轰轰烈烈的资产注入热潮是否真的取得了预期效果？还是沦为大股东侵占中小股东利益和获取控制权私益的又一工具？大股东积极参与资产注入的实质动因是什么？一些学者围绕上述问题对资产注入进行了研究和探讨，他们主要以国外学者提出并广泛运用的"掏空"（Tunneling）和"支持"（Propping）理论（Shleifer and Vishny, 1994, 1998；Johnson et al., 2000；Friedman et al., 2003）为基础，分析我国上市公司资产注入过程中大股东的动机及由此对上市公司产生的经济后果。尽管有部分研究认为大股东向上市公司注入资产可以产生协同效应，实现产业链整合，促进注入资产的增值，即所谓的"支持"（黄建欢和尹筑嘉，2008；朱国泓和张祖士，2010；唐宗明等，2010；刘建

---

① 引自国资委《关于推进国有资本调整和国有企业重组的指导意见》，国办发〔2006〕97号。

② 尽管从严格意义上说，大股东和控股股东并不完全等同，但在很多研究和实务的表述中，对这些概念已不做严格区分，因此本书所指的大股东就是在公司具有控股地位，能够对公司日常经营和重大事项决策产生重要影响的股东。同样地，对于终极控制人、实际控制人、控制性大股东、终极控股股东、控股股东等概念，本书也都不做特别区分，它们都可以指那些直接或间接持有公司股权，并且掌握了公司实际控制权的最终控制实体。

勇等，2011；杜勇，2013），但大部分研究更倾向于把上市公司的资产注入视为对大股东的一种利益输送，"掏空"上市公司、侵害中小股东才是大股东注入资产的内在动力，即便是"支持"也只是暂时的、短期的行为，为的还是以后更好地"掏空"（李增泉等，2005；张祥建和郭岚，2008；张鸣和郭思永，2009；章卫东和李海川，2010；王亮等，2010；颜淑姬，2012）。然而，这些研究多将资产注入中出现利益输送、公司绩效受损等的原因归咎于大股东的"掏空"行为，没有关注到我国地方国有上市公司的实际控制人是地方政府这一特征，并未充分考虑上市公司面临的外部治理环境尤其是政府干预这一外部变量，也缺乏对上市公司内部控股机制、权力机制等要素的考量，这也为本书的研究提供了新的视角和思路。

政府干预企业经营活动在任何国家和地区都是普遍存在的现象（Faccio et al.，2006），它对企业而言，可能是"支持之手"，也可能是"掠夺之手"（Shleifer and Vishny，1994，1998；Cheung et al.，2006；潘红波等，2008；王庆文和吴世农，2009）。在我国这样具有特殊政体和制度环境的经济转轨国家，政府干预更是深深扎根于经济活动的方方面面，对企业的经营业绩、行为、决策等都具有深远影响。我国的国有上市公司脱胎于计划经济时代由国家设立并归属于国家和政府的国有企业，在证券市场建立后，很多国有企业通过改制上市、兼并重组等产生了一定变化，与计划经济时代的"国有企业"概念已有很大不同，股权分置改革更是将国有股置于"全流通"环境下，改变了国有股股东和社会公众股股东利益不一致的矛盾（张育军，2006），使国有股股东也开始密切关注上市公司的盈利情况和在股票市场的表现，这些在一定程度上缓解了国有上市公司大小股东间的利益冲突。然而，需要注意的是，国有上市公司的控股权依然牢牢掌握在代表政府利益的国资委、国有企业集团等大股东手中，国有股"一股独大"的局面仍然存在，而政府既是国有上市公司的终极控制人，又是地区经济增长、社会稳定的责任人，这种"双重身份"决定了我国政府具有干预国有上市公司的强烈动机，尤其是地方政府，往往利用直接或间接控股地方国有上市公司的便利，通过一定的行政权力来"插手"上市公司的经济活动，尤其是对并购、投资等活动实施较大程度的干预，而资产注入正是企业并购活动的一种。那么，政府干预在地方国有上市公司资产注入活动中扮演了什么角色？是更倾向于"支持之手"还是"掠夺之手"？政府干预是如何影响地方国有上市公司资产注入之后的绩效的呢？

在公司治理领域，股权结构是一个常论常新的研究议题。不同的股权结构安排决定了不同的公司代理问题类型（Jensen and Meckling，1976；Shleifer and Vishny，1997），因而股权结构堪称公司最为重要的内部治理机制，由股权结构引发的对大股东、终极控制人行为的探讨也成为众多学者的关注焦点。从 Berle 和 Means（1932）开创了现代公司治理问题的研究，将所有权和经营权分离作为现代公司制度中权力配置的重要特征，到 Jensen 和 Meckling（1976）系统研究了两权分离下公司股东和管理层的委托—代理关系及由此产生的代理成本，再到 La Porta 等（1999）创造性地深入公司治理的核心，把关注重点放在公司的终极控制权问题上，在此基础上将控股股东（终极控制人）与中小股东的委托—代理关系和代理成本作为公司治理问题研究的新课题，伴随着公司治理研究中关于权力配置和代理问题研究重点的演化，对股权结构和控股股东的研究也突破了以往流于表层的缺陷，更加关注如何限制控股股东对公司与中小股东利益的剥削和侵害这一最重要的问题（La Porta et al.，1999）。正是在这样的背景下，金字塔结构作为一种广泛存在于高股权集中度国家的股权结构形式，引起了理论界和实务界的高度关注，不少国内外学者对金字塔股权结构与控股股东的"掏空""支持"、监督和利益分配行为等的关系进行了深入探讨，发现金字塔股权结构既可能引发控股股东转移资源、获取控制权收益、为自己输送利益并导致公司价值降低的"掏空"行为（Johnson et al.，2000；Bertrand et al.，2002；苏启林和朱文，2003；黎来芳等，2008；王蓓等，2013），也可能是控股股东实施"支持"行为、帮助公司脱困、提高公司价值的一种有利机制（Bae et al.，2002；Friedman et al.，2003；Cheung et al.，2006；江伟，2005；马忠和陈彦，2008；李凯和邹怿，2010）。金字塔股权结构究竟对公司价值产生何种影响，能否改善公司治理，取决于成本和收益的权衡，同时可能也和控股股东的属性密切相关。在我国的上市公司中，金字塔股权结构最为普遍，而采用这种结构的国有上市公司更是占到了总数的 2/3 以上（渡边真理子，2011）。近年来，国内学者基于我国上市公司终极控制人属性的差异，围绕国有和民营上市公司在金字塔股权结构治理效应上可能存在的不同，细致阐述了金字塔股权结构下的代理问题，虽然得出的结论有所差别，但总体而言，多数学者都认同金字塔股权结构顶端的大股东在国有上市公司和民营上市公司会表现出不同的行为动机与后果，民营上市公司的金字塔股权结构通常是大股东侵害中小股东、"掏空"上市公司的主要方式，但国有上市公司的金字塔股权结构却成为抑制政府过度干预、缓解大股东"掏空"效应、保护公司产权和中小股东利益的重要屏障（王力军，2006；刘运国和吴小云，2009；苏勇和张军，2012；刘行和李小荣，2012）。然而，也有学者认为国有上市公司的金字塔股权结构对于防御国有大股东的"掏空"行为等并未起到显著效果（罗党论和唐清泉，2008）。可见，目前关于金字塔股权结构在民营上市公司中的治理效应问题研究已基本达成一致结论，但在国有上市公司这一块仍有一定争议。

那么，如果把对金字塔股权结构作用的研究置于上市公司大规模资产注入现象频发的特定背景之下，若地方国有上市公司的资产注入本质上是一种政府干预下的"掏空"行为，金字塔股权结构能否起到抑制政府干预"掠夺之手"、改善资产注入绩效①的作用？金字塔股权结构的内部特征会如何作用于地方国有上市公司资产注入背后的政府行为？对政府干预和资产注入绩效的关系又有何影响？建立、健全金字塔股权结构对于我国地方国有上市公司的意义何在？对以上种种问题的探讨和解答将有助于丰富对政企关系、国有企业改革、上市公司并购重组等问题的研究，并进一步厘清政府干预和金字塔股权结构在国有企业经营活动中所发挥的作用。

1.1.2 研究意义

本书的研究意义可以从两个方面加以归纳：一方面，以地方国有上市公司的资产注入事件作为研究对象，探讨政府干预资产注入活动的动机和效应，对于进一步厘清政府在市场经济发展和企业经营活动中扮演的角色、促进新型政企关系的建立和发展等具有一定的现实意义；另一方面，对地方国有上市公司的金字塔股权结构如何影响政府干预与资产注入绩效关系问题的研究，对于进一步拓宽关于金字塔结构的研究视角、丰富相关的理论和实证研究、推进我国国有企业改革和公司治理机制的完善、寻求减轻政府过度干预的合理机制等都能够提供一定的补充和参考，具有一定的理论价值和实践借鉴意义。具体而言，本书主要的贡献有以下三点。

（1）理论上，本书拓展和丰富了关于政府干预、股权结构、资

---

① 为简化表述，使文字表达更为顺畅，本书借鉴季华（2013）的研究，将资产注入实施后的公司绩效简称为"资产注入绩效"。后文出现的表述，无论是"资产注入后的公司绩效"还是"资产注入绩效"，均为同一概念。

产注入等方面的研究。以与政府干预相关的市场失灵理论、垄断理论、外部性理论、政府"掠夺之手"与"支持之手"理论和与金字塔股权结构相关的两权分离理论、内部资本市场理论、"掏空"与"支持"理论等作为理论基础，以资产注入这一股权分置改革后的资本市场热点问题作为新的切入点，探讨了政府干预与地方国有上市公司资产注入绩效间的关系，以及金字塔股权结构对它们的关系所产生的影响，有利于丰富关于政府干预、资产注入等问题的研究，也从地方国有上市公司资产注入的角度为金字塔股权结构抑制政府干预的功能提供新的理论解释。

（2）实践上，本书为国有企业中政府这一特殊控制人的"掏空"和"支持"行为，以及金字塔股权结构在国有企业的公司治理中所扮演的角色等提供了新的经验证据。金字塔股权结构在我国上市公司高股权集中度的环境下能够得到广泛运用，必然有优于其他股权模式之处。尽管目前的研究表明金字塔股权结构似乎在民营企业更多的是充当控股股东"掏空"企业、侵害中小股东、夺取私益的"帮凶"，但在国有企业中，金字塔股权结构仍是最受青睐的股权结构形式，表明金字塔股权结构可能对国有上市公司具有特别的积极意义。本书沿"政府干预有'掠夺之手'的效应→金字塔股权结构抑制政府等外部力量干预"的思路，提出相应的研究问题，将地方国有上市公司金字塔股权结构、政府干预与资产注入问题结合起来加以探究，以进一步明确政府干预在地方国有上市公司资产注入中扮演的角色和金字塔股权结构在地方国有上市公司的公司治理等方面所起的作用，同时还能深入考察在资产注入热潮的背后，国家提倡的向上市公司注入资产来提高上市公司质量、做大做强上市公司的终极目标是否得到了较好实现。

（3）实践上，本书对政企关系的进一步优化、国有企业改革的深入推进、现代公司治理机制的改进和完善等具有一定的参考和借鉴意义。政府干预在我国市场经济体制建立和发展的实践中一直是不容忽视的重要存在，在市场经济萌芽期和证券市场成长期，政府干预对企业的业务发展、规模扩大、效益增长等确实发挥了很大的积极作用，但随着我国市场经济的逐步健全和完善，政府在很多时候却没能准确定位自身角色，过度干预反而产生适得其反的效果，给企业良性发展和竞争造成了一定的负面影响。在这样的情况下，上市公司尤其是国有上市公司引入恰当的内部治理机制、建立合理的股权结构等来尽量缓解政府干预带来的"掠夺"效应，也就显得尤为重要。本书对地方国有上市公司金字塔股权结构、政府干预和资产注入问题的探讨，能够为进一步厘清政府在市场经济发展和企业经济活动中扮演的角色、促进新型政企关系的建立和发展等提供启示，对于国有企业积极推进改革、完善自身公司治理机制以减轻政府过度干预的不利影响、实施更有效率的资产注入等也能提供一定的建议和参考。

1.2 研究内容及结构

1.2.1 研究内容

本书以股权分置改革以来我国地方国有上市公司频发的资产注入现象作为研究政府干预企业问题的一个切入视角，以金字塔股权结构作为影响政府干预与资产注入绩效关系的一个重要的公司内部机制，在此基础上对政府干预地方国有上市公司的机理、政府干预对地方国有上市公司资产注入绩效的影响、金字塔股权结构抑制政府干预的机理、金字塔股权结构对政府干预与地方国有上市公司资产注入绩效关系的影响等问题展开理论分析和实证研究。具体而言，本书的主要研究内容包括：（1）以市场失灵理论、垄断理论、外部性理论、政府"掠夺之手"与"支持之手"理论等为基础，分析政府干预对我国地方国有上市公司资产注入绩效的影响，提出政府干预在地方国有上市公司资产注入中可能扮演"掠夺之手"角色的理论假设，并实证检验产权性质、政府干预程度和市场经济发展程度这三个政府干预的替代变量对地方国有上市公司资产注入绩效的影响。（2）以企业所有权与控制权分离理论、内部资本市场理论、"掏空"与"支持"理论等为基础，结合我国地方国有上市公司金字塔股权结构建立的背景和主要特征，综合考虑政府干预、金字塔股权结构这两种外部和内部机制对我国地方国有上市公司资产注入绩效的交互影响，提出金字塔股权结构能有效抑制政府干预"掠夺之手"的理论假设，并实证检验金字塔股权结构、政府干预与地方国有上市公司资产注入绩效间的关系。（3）从金字塔股权结构的内部特征出发，进一步深入分析金字塔结构是如何通过其多层级和多链条的内部特征来抑制政府干预、缓解政府干预对地方国有上市公司资产注入绩效的"掠夺"的。针对上述研究内容，在接下来的各章节中，本书将立足于相关理论，结合我国实际经济环境和制度背景，提出相应的理论假设，并建立实证模型，运用我国上市公司的经验数据对假设进行实证检验，最终得出研究结论并提出有针对性的政策建议。

1.2.2 研究结构

本书遵循规范的研究技术路线，首先基于对理论背景的梳理和对现实情况的考察，提出本书所要研究的中心问题。在明确主题之后，本书以我国政治环境和制度背景为依托，分析了研究问题在我国情境下的特殊性，并通过回顾国内外相关理论和文献，对现有的研究成果和可能的不足、缺失进行了归纳总结，找出可能的新突破口，从而建立本书研究的概念模型，进行理论分析，提出待检验的各个理论假设。其次，根据研究设计和构建的模型，运用我国资本市场的有关数据对假设进行实证检验。最后，依据实证分析的结果，概括本书的主要研究结论，提出相应的政策建议，并对研究的不足和局限做出说明，对未来相关研究的深化方向进行展望。本书研究的基本结构如图 1 - 1 所示。

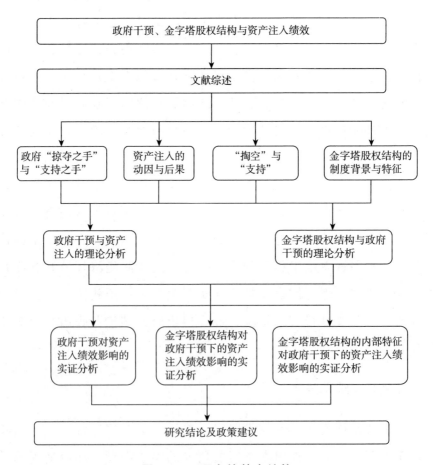

图 1 - 1　研究的基本结构

本书共分为七章,包括导论;文献综述;政府干预地方上市公司资产注入行为的理论概述;金字塔股权结构抑制政府干预地方上市公司资产注入的理论概述;政府干预对地方国有上市公司资产注入绩效影响的实证研究;金字塔股权结构抑制政府干预对地方国有上市公司资产注入绩效影响的实证研究;研究结论、政策建议与研究展望。具体安排如下。

第1章为导论。主要在介绍相关理论和现实背景的基础上,确定本书的研究问题,从理论和现实两方面阐述了具体的研究意义,然后概括说明了本书的研究内容、结构、思路和方法,最后提出了本书的主要创新点和不足。

第2章为文献综述。主要对政府干预、金字塔股权结构、资产注入等问题的研究进展进行梳理和总结,按照"从因到果"、逐层递进的思路对相关的国内外文献做了回顾和系统的归纳,在把握相应研究领域内在发展逻辑的基础上对现有研究进行述评,并提出本书在前人研究基础上所做的拓展。

第3章为政府干预地方上市公司资产注入行为的理论概述。在文献综述的基础上,本章首先描述了政府干预企业的制度背景,从经济体制改革、财政体制改革、官员考核机制三方面分析了政府为何具有干预企业的动机。其次,从市场失灵理论、垄断理论、外部性理论、政府"掠夺之手"与"支持之手"理论等经典理论出发,探讨了政府干预地方企业的理论基础,并分析了政府干预地方企业经济活动的动机、手段、类型以及结果等。最后,本章结合论文主题,分析了我国政府干预对地方企业资产注入活动的影响。

第4章为金字塔股权结构抑制政府干预地方上市公司资产注入的理论概述。本章首先对金字塔股权结构的概念、特征、作用等做了简要介绍,然后结合企业所有权与控制权分离理论、内部资本市场理论、"掏空"与"支持"理论等理论，分析金字塔股权结构如何抑制地方国有上市公司资产注入中的政府干预。

第5章为政府干预对地方国有上市公司资产注入绩效影响的实证研究。本章以地方国有上市公司受到政府干预的深刻影响并且其中存在政府的"掠夺之手"为基本思路，提出地方国有上市公司的资产注入可能实质上是身为实际控制人的地方政府对公司的一种变相"掏空"。在此基础上，从产权性质、地区政府干预程度、市场经济发展程度三个层面提出政府干预和资产注入绩效关系的理论假设，并运用我国资本市场中的上市公司数据对上述假设进行实证检验。

第6章为金字塔股权结构抑制政府干预对地方国有上市公司资产注入绩效影响的实证研究。本章以金字塔结构能够有效防御政府等外部力量对公司的干预为基本思路，提出金字塔股权结构可以显著缓解地方国有上市公司资产注入中政府干预对公司绩效的"掠夺"。在此基础上，从是否有金字塔结构、金字塔结构的纵向层级、金字塔结构的横向链条数三个层面提出相应的研究假设，并运用我国资本市场中的上市公司数据对上述假设进行实证检验。

第7章为研究结论、政策建议与研究展望。主要根据前面的理论和实证分析结果，归纳和总结了本书的研究结论，并针对结论反映出的主要问题，提出了相关的政策建议，最后对未来研究可进一步拓展的方向做简要说明和展望。

1.3　研究思路及方法

1.3.1　研究思路

企业的各种经济活动不是孤立开展的，其必定要受制于所处的制度环境，并且制度环境的差异会导致不同的经济后果。我国目前经济发展的典型特征之一就是处于经济转轨时期，市场发育尚不成熟、完善，不能完全依靠市场来主导经济发展，计划经济时代的很多遗留产物依然在潜移默化地影响市场经济的方方面面，其中一个突出表现就是行政力量在社会经济中仍然发挥强大功能，政府在宏观和微观经济领域频伸看得见的"干预之手"。在某些时候，这样的"干预之手"能有效缓解市场机制的不足，起到较好的替代、补充作用，但我们也看到，在很多情况下，政府的"干预之手"反而"过犹不及"，一些地区因为政府强硬而过度的干预，违背市场经济发展规律和企业意志的现象时有发生，并最终损害了企业的经济利益，导致地方经济效率低下，经济发展陷入僵局，此时政府干预不仅不能对地方企业的成长和经济效率的提高发挥积极的促进、支持作用，反而还产生了逆向的阻碍效果，成为"掠夺之手"，而与政府具有天然密切关系的国有企业往往"首当其冲"。作为一种非市场化的制度安排，政府干预在市场中扮演的"双刃剑"角色对身处其中的我国企业尤其是国有企业，无疑具有重大而深远的影响，这引起了人们的思考，也为本书的研究提供了缘起和思路。而金字塔股权结构是我国企业集团最青睐的一种控股结构，尽管现有研究对其究竟对公司价值是"掏空"还是"支持"尚存不同见解，但结合我国引入金字塔股权结构时的初衷是为国企改革服务这一背景，本书认为，金字塔股权结构能在我国企业尤其是国有企业集团中长期存在，并成为大多数国有上市公司大股东控制上市公司的固定模式，必定与其符合"降低企业经营中行政力量的过度干预"的国企改革目标有关，金字塔股权结构对于国有上市公司而言，很可能是抑制政府干预、改善公司绩效的一剂"良药"，这也为本书探讨政府与国有企业的关系提供了一个新的调节变量。

基于上述分析，本书以地方国有上市公司资产注入事件作为具体的研究对象，首先结合政府干预地方国有企业的制度背景，分析政府干预的动机、手段、类型、结果等，然后研究政府对地方国有上市公司资产注入进行干预的动机、手段和后果，接下来从金字塔股权结构的特征、作用出发，结合其在我国地方国有企业建立、发展的制度背景，分析金字塔股权结构是如何通过弱化政府干预来改善地方国有上市公司资产注入后的公司绩效的。在理论分析的基础上，本书提出相应的研究假设，对政府干预与资产注入绩效的关系以及政府干预、金字塔股权结构与资产注入绩效三者间的关系展开实证检验，最后以实证分析结果为基础，归纳本书的研究结论并提出相关的政策建议。

1.3.2　研究方法

本书采用的主要研究方法是规范分析与实证分析相结合、定性分析与定量分析相结合。

（1）规范分析与实证分析相结合

规范研究主要是以我国的经济与政治环境、制度背景为依托，以市场失灵理论、两权分离理论、"掏空"与"支持"理论、政府"掠夺之手"与"支持之手"理论等为基础，基于对相关文献的回顾和述评，并结合现实国情和经济现象，构建政府干预与资产注入绩效、政府干预和金字塔结构交互影响资产注入绩效等的理论分析框架，对各变量间的关系进行充分推理分析。然而，规范研究受到特定假设条件和主观逻辑的严格限制，可能与现实中千变万化的情况有所出入。因此，需要采用实证研究的方法，为规范研究做出有力佐证和补充，以计量经济学为基础，通过建立适当的实证模型，搜集客观的经验数据，并以统计分析软件和方法为依托，进行相应的数理统计研究，从而验证规范研究结论的合理性。

（2）定性分析与定量分析相结合

对政府干预、金字塔股权结构、资产注入绩效等变量间关系的研究，既包含对相关的影响机理和作用特征的定性分析，也包含对具体影响结果的定量分析，以此进一步增强研究结论的说服力。定性分析方面，本书主要以概念、理论和以前的文献研究为推理起点和基础，以逻辑为推理途径，推导政府干预和金字塔股权结构对资产注入绩效的影响。定量分析方面，本书在定性分析所得出的假设的基础上，设计研究方法，构建研究模型，搜集相关数据，借助SPSS、Stata、Excel 等统计分析软件，采用描述性统计、多元回归分析等方法对相关假设进行进一步的定量检验。

1.4 研究创新点与局限性

1.4.1 研究的创新点

与以往国内外同类的文献研究相比，本书可能的创新点或有特色之处主要有以下三点。

（1）从新的角度明确了政府干预在我国企业经济活动中所扮演的角色。以往很多研究对我国上市公司资产注入中的大股东"掏空"或"支持"行为进行了探讨，并且多数都认为大股东向上市公司注入资产更多时候是以"掏空"公司为主要目的，导致严重的利益输送，损害资产注入后的公司绩效，但这些研究未注意到我国地方国有上市公司的实际控制人是地方政府，资产注入的过程很大程度上受到政府干预。本书将地方国有上市公司资产注入中产生利益输送和公司绩效下降等现象的原因归咎于政府的干预，从另一个角度揭示了政府干预企业的现象。

（2）丰富了关于金字塔股权结构防御政府干预功能的研究。以往很多研究从多个视角证实了金字塔股权结构在抑制政府对上市公司的干预方面能发挥重要作用，但尚未有研究专门探讨金字塔股权结构对政府干预地方国有上市公司资产注入的行为所起到的防御作用。本书以地方国有上市公司资产注入为切入点，验证了金字塔股权结构能有效防御资产注入中的政府干预，缓解政府干预对资产注入后公司绩效的"掠夺"，从新的视角丰富了关于金字塔股权结构防御政府干预功能的研究，进一步明确了金字塔股权结构在地方国有上市公司的公司治理等方面所起的作用。

（3）为进一步验证金字塔股权结构的防御作用提供了新变量。在金字塔股权结构具体的量化方面，以往涉及金字塔股权结构的研究多从控股股东（终极控制人）的控制权、现金流权及两权分离度等方面展开，较少有研究深入金字塔股权结构的层级和代理链这两大内部特征，来探讨它们对金字塔股权结构作用的发挥所产生的影响。本书进一步从纵向层级和横向代理链两个维度对金字塔股权结构的层级和链条数在防御政府干预中的作用进行了检验，深化了关于金字塔股权结构防御作用的研究。

1.4.2　研究的局限性

尽管本书接下来将对地方国有上市公司的金字塔股权结构、政府干预、资产注入后的公司绩效等变量之间的关系进行一定的理论和实证研究，并得出相应的研究结论，对拓展和丰富关于政府干预、股权结构、资产注入等问题的研究具有一定的价值，但由于资料搜集、研究设计、笔者自身知识结构等主客观因素的限制，本书的研究仍不可避免地存在一些不足，并有待后续的进一步探索和深化，具体有以下三点。

（1）关于政府干预和金字塔股权结构对地方国有上市公司资产

注入绩效的影响，考虑到在实证研究设计中加入过多情境讨论和样本分类，可能令实证分析过于复杂、难以厘清，本书结论主要是基于对全样本的多元线性回归分析而得出，反映的是一个大致的趋势。然而，在现实的经济环境下，政府干预无论是对国有还是民营上市公司的影响，可能都并不是简单的线性关系所能完全囊括的，否则关于政府干预"利与弊"的争议也无从谈起。例如：不同的上市公司处于不同的生命周期，对于处于初创期或成长期的上市公司而言，政府干预可能对其更多是一种"支持之手"，不会立即对其实施"掠夺""掏空"。

（2）本书仅将研究对象限定为 2006~2011 年发生了资产注入的地方国有上市公司，唯一涉及民营上市公司的研究也只出现于第 5 章的假设 5.1。①　而且，本书也未将央企国有上市公司纳入研究范畴，虽然这主要是由于央企国有上市公司直接由国务院、国务院国资委控制，所受的政府干预难以找到较为恰当的衡量指标，但客观上可能削弱本书研究结论的代表性。

（3）本书的实证检验模型虽然建立在理论分析的基础上，但由于研究经验和数据可得性的限制，并不能保证所有影响资产注入绩效的重要因素都已进入检验模型之中，研究设计和检验方法等可能仍存在一定缺陷，因而实证研究的结论究竟能在多大程度上接近本书所研究问题的事实和真相，仍有待后续的补充检验。

---

① 这是因为这一假设是从产权性质的角度来探讨政府干预对资产注入绩效的影响，需要加入民营上市公司样本以便对比。

2 文献综述

本章主要对以往关于政府干预、金字塔股权结构和资产注入等问题的文献进行回顾和梳理，并按研究内容、视角、结论等做了简要的分类与归纳，其中也包含了关于它们与公司绩效间关系的文献。立足于前人研究的基础，本章对目前已有的一些观点进行总结，分析现有研究可能存在的不足或可以进一步拓展的方向，并提出本书预期要解决的问题。

2.1 关于政府干预企业的相关研究

2.1.1 政府干预企业的动机

政企关系在世界各国的经济发展过程中一直都是一个不可回避的重要问题，也是经济学和管理学研究的重点和热点之一。这其中，政府干预深刻影响着企业的日常经营活动、重大决策等各个方面，也是政企关系研究的一大主题，特别是自 20 世纪 70 年代起，西方发达国家的学者热衷于从金融经济学的角度对政府干预企业的问题展开系统探讨，并把这一问题发展为金融经济学"最激动人心的领域之一"，使得关于政府干预的研究达到了一个新的高度（Viscusi et al.，2000）。那么，一个国家或地区的政府为什么要干预其管辖范

18

围内的宏观经济和微观层面的企业经济活动？政府干预行为的深层
动因可以用哪些原理来解释？目前国内外学者主要从以下几个方面
出发，对政府干预的动机做了阐释。①

（1）政府干预是弥补市场失灵所致缺陷的重要手段

根据古典自由主义经济学家的普遍观点，一旦社会经济活动中
的个体都只顾追求自身利益最大化时，会有一只"看不见的手"适
时出现并发挥作用，对个体行为进行一定引导，促使其为全体公众
最佳福利的实现而付诸相应行动，这只"看不见的手"就是市场。
而在一个自由竞争的市场环境中，理论上，政府只要在经济活动中
扮演好"守业者"的角色，就已经足够，而任何的政府干预行为都
极有可能会破坏正常的自由竞争（Smith，1776）。具体而言，在完
全竞争条件下，竞争在不受任何干扰与阻碍的前提下充分展开，要
使所有资源得到最充分、合理、有效的配置和利用，其实只需要通
过市场这只"看不见的手"加以调节即可，并不需要政府这只"看
得见的手"的具体干预。

然而，随着经济学理论的不断完善和发展，并历经上百年经济
学实践的无数次检验，古典主义经济学理论的许多局限性逐步暴露
出来。到了 20 世纪 30 年代，美国资本主义经济危机爆发，并蔓延
至多个国家和地区，引发世界性的经济大萧条，使得人们更加充分
地意识到，虽然市场在资源配置中的重要作用是不能被轻易替代的，
但是市场也不可能完美无瑕，不可能永远不出任何问题。事实上，
在一些特定的时点，市场的确会发生一些状况，致使资源不能完全
依靠市场得到有效配置，这就是市场失灵（Market Failure）。市场失
灵易导致各种经济和社会问题，如失业、贫富的巨大差距、货币混

---

① 茅铭晨（2007）对政府干预的基础理论研究做了很好的梳理和总结，本部分引用或借鉴
了其《政府管制理论研究综述》一文的相应内容，在此谨表示由衷的感谢。

乱、过度环境污染等。在市场失灵时，政府的职能必须做出相应转变，从仅仅当好"守夜人"转为对经济实施一定程度的干预，必要时甚至要对经济进行重大干预，从而有效缓解市场失灵所引发的各种问题，对市场潜在的缺陷进行一定弥补和修复。

Keynes（1936）是政府干预理论重要的奠基人之一。他在《就业、利息和货币通论》一书中，结合经济实践中的种种问题，指出了古典自由主义经济学理论的一些缺陷，建议国家和政府应该对经济实施干预政策，以促进经济增长、提高就业水平、稳定社会秩序，并在此基础上，提出了著名的凯恩斯理论（Keynesian）。凯恩斯理论的中心思想是，既然市场失灵的情况在现实中不可避免，那么，要实现经济均衡发展，不能单纯依靠自由竞争的市场机制，还必须建立科学规范的政府，并由政府对经济进行大量的干预。凯恩斯理论为发达国家在20世纪三四十年代后的政府管制制度的发展和完善奠定了坚实的理论基础，也成为新古典主义经济学派的代表性理论，在西方经济学思想史中具有举足轻重的地位。

在政府干预经济的理论体系中，市场失灵理论是一个重要理论，它能够较为全面地解释政府的各种管制、干预行为。具体而言，市场失灵理论不仅能对基于反垄断目的的政府干预行为做出解释，还能解释政府干预在解决外部性问题、恶性竞争等方面所产生的作用。可以说，接下来要阐述的这些政府干预的作用，其实从某种意义上而言，都是政府干预解决市场失灵问题的具体表现。

（2）政府干预能保障自然垄断产业有序发展

自然垄断（Natural Monopoly）理论广泛运用于政府经济性管制问题方面的研究，是极为重要的理论之一。关于自然垄断产业的范围，尽管在不同的国家，界定不尽相同，但通常而言，自然垄断产业多指业务具有规模经济效益和网络效益、需要大量固定资本投资的产业，一般包括通信、电力、铁路、邮政、自来水、煤气、天然气等公用事业和基础设施产业。

Mill（1848）较早提出了自然垄断理论，他认为，如果城市的一些公共设施都交给一家企业垄断经营，而不由多家企业在互相竞争的环境下经营，那么由此产生的经济效益将会获得很大提高。Adams（1887）认为自然垄断产业能产生上升的规模效益，为了维护这种正向的规模经济性，应当对自然垄断产业实行政府管制。Ely（1937）归纳了三种主要的自然垄断形成机制：依靠独一无二的供应资源而形成；借助机密或特权而形成；因业务特性而形成。他指出，规模经济性自然垄断的形成主要是通过第三种机制，而所有类型的自然垄断都具有不可竞争性。这些学者对政府管制和干预下的自然垄断的研究，为自然垄断理论后续的演变和发展奠定了坚实基础。

综合有关自然垄断问题的研究，可以归纳出自然垄断理论的一些基本观点：自然垄断产业通常都具有一定的规模经济性，已经形成了较为固定的网络系统，并且其建设和发展需要较高的固定成本；自然垄断产业主要是指那些向社会和公众提供具有基础性、稀缺性的公共商品或服务的行业，为了确保规模经济效益，这些商品或服务的生产、提供，应当由一家企业或数量极少的几家企业垄断，对竞争要尽可能排除或严格限制；对于自然垄断产业可能形成的随意提价、消费者权益受损等诸多弊端，政府应采取适当行动，对相关产业的进入、退出、产品和服务质量、定价等进行一定的干预和管制，从而限制垄断企业的行为，维护公共利益。

（3）政府干预能缓解市场的信息不对称，优化资源配置

信息不对称（Asymmetry of Information）理论是信息经济学的经典理论，20世纪六七十年代，英国教授 Mirlees 和美国教授 Vickery 分别提出了这一理论。信息不对称理论认为：在经验商品的市场交

易中，交易各方几乎都处于不对称的信息结构中，不可能彼此都拥有完全对称的信息；在不对称的信息结构中，具有信息优势的一方为了自身利益的最大化，可能故意对信息进行封锁或者误导另一方，从而以牺牲另一方的利益为代价，来换取自身利益的实现，而信息获取不占优势的一方考虑到信息搜集成本等因素，往往难以扭转这样的信息资源劣势，因而只能以保守、怀疑的态度来面对交易，避免"上当受骗"，最终难以实现公平交易，甚至造成市场失灵。根据信息不对称理论，信息不对称引发了道德风险和逆向选择等问题，市场优化配置资源的功能难以充分实现，甚至陷入失灵状态，从而损害交易中信息劣势一方的利益，并导致整个市场的效率降低。经济学家认为，要提高资源配置的效率，对市场机制存在的缺陷进行相应弥补，就需要让政府干预发挥一定作用，以促进市场正常运行，保护弱势方的利益。信息不对称理论是解释政府干预的又一基础性理论，它为 20 世纪 70 年代后政府社会性管制制度的建立和发展奠定了坚实基础。

（4）政府干预是抑制负外部性的重要力量

外部性（Externality）问题最早由 Marshall（1890）提出，后经 Pigou 等学者的不断完善和发展，形成了外部性理论。Mankiw（1997）对外部性的概念做了较为系统的阐释，认为如果某一个体（私人或企业等）从事的活动对其他个体的福利产生了影响，但并未为这样的活动支付相应报酬，也没有从中获得相应报酬，那么此时便产生了外部性。根据外部性理论，若活动产生的是有利影响，即在其他个体无须支付报酬时，就增加了其他个体的福利，则为"正外部性"；反之，若从事活动的个体未向其他个体支付报酬或补偿，还减少了其他个体的福利，就是"负外部性"。

外部性理论能够较好地诠释市场为何存在对政府干预、管制的需求。一方面，市场经济活动的负外部性是政府管制和干预的主要原因，当纯粹意义上的完全市场化不存在时，市场对资源的配置就一定会有无效率或低效率的时候，此时减少其他"旁观者"的福利是不需要做出必要补偿的，此时市场主体为追求自身福利的最大化而侵害其他"旁观者"福利的动机将会得到强化。Hardin（1968）的"公地悲剧"是说明负外部性的一个形象例子，当每个放牧者都只顾自己养殖的牲畜要尽可能多地吃到牧草，而不考虑其他放牧者的利益时，只能导致牧场不断退化，最终所有放牧者都无法再从牧场中获得福利。鉴于此，政府应充分发挥其在资源配置方面的作用，依靠行政干预的力量，对市场中的负外部性问题加以抑制，从而改善各方福利，维护全社会的公共利益。另一方面，在市场上，一些具有正外部性的经济活动虽然使部分个体获益，却无法得到来自这些获益方的补偿，因而也需要政府通过实施激励性或强制性措施，来促进公共福利的增加。

（5）政府干预是维护公共利益的有效机制

尽管对于"公共利益"（Public Interest）这一概念，目前仍未有一致结论，但早在19世纪六七十年代，公共利益已被广泛运用于对政府管制和干预行为的解释。随着市场经济理论和实践的不断发展，市场失灵和福利经济学的相关理论成为政府干预下的公共利益理论的重要基础。一方面，当市场运行处于脆弱甚至无效率的状态时，政府干预能够扭转市场的无序局面，对各种利益冲突和矛盾进行一定的调节和控制，避免对公共利益的损害（Bodenheimer，1962；Posner，1974）；另一方面，政府干预可以有效降低市场运行的种种风险，从而保障社会福利，创造性地整合和维护公共利益，实现全社会的公平正义（Owen and Braentigam，1978；Maurer，1988）。

事实上，不管政府的管制和干预是为了消除或减少垄断行为，促进市场经济的有效运行，还是保障社会秩序的稳定，公共利益都可以充分解释政府行为。当垄断形成，商品价格被操纵，全社会消费者利益受损时，政府的反垄断措施是为了维护公共利益；当市场中出现不健康的价格战或破坏性竞争时，政府对经济的管制是为了更好地保障公共利益；当经济活动产生负外部性，危害到社会安全、民众健康时，政府的管制和干预措施同样是基于维护公共福利的需要。正如 Burgess（1995）所言，"毫无疑问，在管制方面发生的大部分（但不是全部）变化都可以归因于公共利益的变化"。

2.1.2　政府干预企业的经济后果

政府对企业实施的干预活动有多种表现形式，它们对企业经营管理的各个方面都会产生一定影响，并最终反映在公司价值或绩效中。研究政府干预的经济后果，最终要落脚于政府干预对公司绩效的影响。目前的研究主要以 Shleifer 和 Vishny（1994，1998）提出的政府干预"掠夺之手"与"支持之手"理论为基础，从国有股权、政府类型及层级、治理环境三个方面来探讨政府干预与公司绩效的关系。而指标方面，则主要采用净资产收益率（ROE）、总资产收益率（ROA）、主营业务利润率（OPE）等会计指标或者托宾 Q 值等市场指标来衡量公司价值或绩效。

（1）国有股权与公司绩效

国外很多文献从理论和实证上对国有股权企业和私有股权企业的运营效率进行了对比，普遍结论是国有股权的效率低于私有股权。Alchian（1965）通过建立模型加以分析，发现与私有企业相比，国有企业低效率的特征更加明显，而且"与生俱来"。Megginson 和 Netter（2001）、Djankov 和 Murrel（2002）认为从世界各国总体情况来看，国有企业普遍比私有企业效益低下。事实上，20 世纪下半叶，不少发达国家和发展中国家纷纷掀起国有企业产权私有化的高潮，国有产权在较短时期内锐减，也从一个侧面反映了国有企业经营效率低下是各国政府普遍面对的一个难题，而大力推行私有化符合当时经济发展的实际情况，有利于更加科学合理地配置企业资源，而最终的结果也证明，大多数采取将企业由国有性质向私有性质的转变举措，都取得了较为积极的效果。

关于国有股权与公司绩效或价值的关系，国内大部分研究只考虑了公司第一大股东的所有权性质和持股比例，在方法上存在某些欠缺。但是，这些研究都得出了较为一致的结论，即国有股权或政府控股降低了公司绩效。

徐晓东和陈小悦（2003）发现，当第一大股东是非国有股股东时，公司的价值更高，盈利能力也具有更为突出的积极表现，证明公司第一大股东的股权性质会显著影响公司业绩。田利辉（2005）的研究发现，政府作为实际的国有股股东，具有政治和经济的双重利益目标，既希望攫取公司财富，又希望适当提升与其关系紧密的公司的价值，因而国有股的持股规模和公司绩效之间呈现左高右低的非对称"U"形关系：最初，随着国有股持股比例的增加，公司绩效会随之下降；但是，当国有股持股比例达到足够大时，公司绩效反而随着国有股持股比例的增加而提高。周开国和李涛（2006）运用分量回归方法研究了国有股权与公司价值的关系，发现国有股权对公司价值具有负面影响，并且当公司价值越来越高时，所产生的负面效应也越来越大，从而为我国上市公司国有股减持提供了有力的经验证据。彭熠和邵桂荣（2009）以我国农业类上市公司为研究对象，发现国有股权与政府的行政干预具有紧密的内在关联，而国有股权比重的增加对农业类上市公司绩效的影响是具有两面性的。姚志存（2012）运用我国 2006~2010 年的 A 股上市公司数据，对国有股权与公司绩效间的关系进行了研究，发现国有控股或参股的公司的绩效要显著低于非国有控股或参股的公司，并且政府持股的规模与公司绩效之间是一种不对称的"U"形关系，表现出左高右低的趋势。

（2）政府类型、层级与公司绩效

在我国，政府控制下的国有企业的背后是不同类型和层级的控制主体，有些由中央政府直接控制，有些则受地方政府控制，并且政府往往通过国资委这样的监督管理机构来控制和干预国有企业，实现对国有资产的管理和保护。由于各级政府的权力和职能各有侧重和不同，因而它们对所控制的国有上市公司也会表现出不同的干预动机、方式和程度。从委托—代理理论的层面上看，中央政府扮演委托人的角色，而地方政府则更像是代理人，受中央政府的委托，代为管理国有资产。从政府的定位和治理目标上看，地方政府官员的政绩关系官员个人的能力考评和政治晋升，也关系地方政府治理水平的排名，而受地方政府控制的地方国有上市公司往往是地方经济增长、社会稳定的一面"旗帜"，是政府和官员政绩的重要"风向标"。从所受的监管和约束程度上看，地方政府也相对低于中央政府。因此，当政府的控制和干预对上市公司价值和中小股东利益形成一定损害时，在地方政府控制的上市公司中，这种损害程度和频率可能要高于中央政府控制的上市公司。国内关于政府类型和层级对公司绩效影响的研究，通常是以上市公司实际控制人和股权性质作为判断公司属性的主要依据。刘芍佳等（2003）最早应用终极产权论，把我国的上市公司按照控股主体性质划分为不同类型，发现政府直接控股的上市公司的经营绩效低于政府间接控股的上市公司，而由国家控制的实业公司控股的上市公司的经营绩效高于由政府独资的投资管理公司控股的上市公司，为政府在保持对上市公司终极产权控制的同时，怎样选择较为有效的股权结构提供了经验支持。淳伟德（2005）将我国上市公司分为政府控制、投资管理公司控制、国有法人控制、一般法人控制四种类型，发现政府控制的上市公司的经营绩效显著低于其他三类上市公司，而其他三类上市公司间的经营绩效则无显著差异。刘星和安灵（2010）发现，终极所有权性质对公司价值的创造具有显著影响，从公司投资活动的经济后果来看，地方政府控制的上市公司的投资绩效要显著低于中央政府控制的上市公司及非政府控制的上市公司，并且在市县级政府控制的上市公司中，这种结果更加明显；如果大股东在公司投资活动中具有谋求控制权私益的动机，那么当上市公司终极控制人为地方政府尤其是市县级政府时，这种动机得到进一步强化，并且由此对公司投资绩效所产生的负面影响程度会显著高于终极控制人为中央政府的上市公司。王玉春和赵卫斌（2010）分析了中央和地方国有控股上市公司在现金持有量价值效应上的差别，发现中央政府控制的上市公司的现金持有量对公司绩效产生的正面影响高于地方政府控制的上市公司，而这与两类公司占有资源的禀赋差异有很大关系。张功富（2011）研究了政府干预对我国上市公司投资效率的影响，结果表明，政府干预会加剧上市公司的过度投资，导致上市公司过度投资后公司业绩下滑，而在国有上市公司，这种现象比非国有上市公司更为严重，从而进一步验证了政府"掠夺之手"的存在。可见，上述研究都从不同视角证明，政府类型和层级对公司价值或绩效具有显著影响，政府级别越低，政府干预程度越大，则公司价值或绩效受损的情况也越严重。

（3）地方政府干预水平与公司绩效

国外研究表明，许多国家和地区的国有企业都存在效率低下的顽疾，造成这一现象的原因，除了公司内部控制和内部治理不够完善外，还与地方政府的干预密不可分。从地方政府和官员的角度来看，对国有企业实施干预的成本要低于对私有企业实施干预的成本，因此政府和官员更倾向于干预国有企业，为实现经济、政治、社会及个人私益等方面的目标提供便利（Sappington and Stiglitz，1987；Boycko et al.，1996）。政府对国有企业进行干预的具体表现有：强制国有企业雇用超出正常雇员规模的员工、实施有明显倾斜的定价方案、投资有利于政府官员利益却对公众无利的项目等（Shleifer and Vishny，1994）。Shirley 和 Walsh（2000）则认为，由于国有企业的产权为政府所有，面临更为直接和显著的政府干预，因此国有企业的低效率特征是与生俱来、难以从根本上改变的，并且产生了预算软约束、经济行为过分为政府目标服务、缺乏竞争力等一系列问题，影响国有企业的长远发展。

我国国土面积大、幅员辽阔，各地区在资源禀赋、地理环境等方面存在较大差异，国家对不同地区的政策倾斜和优惠力度也有一定差异，使得各地区的市场化程度具有较大差别。如果上市公司所在地区的市场化进程快、法治水平高，那么公司所受的政府干预程度一般也会低，中小股东的权益能够得到更多保护。另外，相较于民营上市公司，国有上市公司受到的政府干预更多，在我国投资者保护水平整体不高、法律难以有效约束和限制政府干预的情况下，治理环境的改善为国有上市公司绩效带来的正面作用通常会更加明显。夏立军和方轶强（2005）在樊纲和王小鲁（2003）编制的中国各地区市场化进程数据的基础上，构建了我国各地区的公司治理环境指数，用以检验政府控制、治理环境与公司价值的关系，发现政府控制对公司价值会产生负面影响，当公司受市级和县级政府控制时，政府控制所产生的负面影响其程度更为显著，但公司所在地的公司治理环境越完善，越有利于减轻政府控制对公司价值的负面影响。周中胜（2007）考察了治理环境对上市公司大股东利益输送行为的影响，发现当上市公司所处地区市场化进程慢、政府干预企业的程度高时，大股东对上市公司的侵占就严重；在政府控股的国有上市公司，地方政府的干预水平与大股东的侵占行为的关系更为显著。陈信元和黄俊（2007）从多元化经营的视角出发，探讨了政府干预与国有上市公司绩效的关系，发现国有上市公司进行多元化经营的主要目的是满足政府的政治目标和社会治理需要，但最终会造成公司绩效的下降；当国有上市公司处于政府对经济干预程度严重的地区时，实施多元化经营后公司绩效下降的现象就明显。苏坤（2012）以我国国有和民营上市公司作为研究样本，发现若上市公司所在地区的市场化程度高，那么公司业绩也会相应提高，而政府干预却显著损害了公司业绩，并且民营上市公司比国有上市公司更需要一个健康的制度环境来保护公司的价值。赵卿（2013）从地区政府干预、法治和金融发展等方面探讨了地方政府控制的国有上市公司的过度投资问题，结果表明，地方政府干预是国有上市公司投资行为的一个主要影响因素，其影响程度强于法制和金融发展对公司投资行为的影响，地方政府干预越多，国有上市公司的过度投资及由此带来的公司绩效下降等问题就越严重。

上述研究从不同层面和视角证明，我国上市公司在经营过程中普遍受到严重的政府"掠夺之手"的影响。然而，任何现象和事物都具有两面性，政府干预也不例外。尽管多数研究都认为政府干预对公司绩效所产生的负面后果更为显著，但由于政府干预具有"支持之手"和"掠夺之手"的双重属性，在某些特定情况下，其也能对公司产生正面的经济后果。例如：政府补贴是政府干预企业的一种常见手段，但它也是政府对企业"支持之手"的表现之一。Tzele-pis 和 Skuras（2004）以希腊公司为研究对象，发现公司接受来自政府的投资补贴后，产生了大量自有现金的流入，使得公司偿债能力得到提升，并促进了公司未来的成长。范黎波等（2012）发现，政府补贴对我国农业上市公司的绩效及多元化后的经营效率等具有较明显的促进作用。

2.2 关于金字塔股权结构的相关研究

2.2.1 金字塔股权结构的成因

（1）金字塔股权结构是一种特殊的公司集团形式

根据公司集团成因理论，金字塔股权结构是公司集团的一种特殊形式。吕源等（2005）从不同的学科视角出发，把关于公司集团成因的理论解释划分为经济学解释、社会学解释和政治学解释三类，这三类解释既有交叉又有互补之处。

公司集团成因的经济学理论解释的代表是由 Coase（1937）在《企业的性质》一文中首创的交易费用理论和由 Penrose（1959）在《企业增长理论》一书中提出的资源理论。Coase（1937）提出，公司和市场都是资源配置的方式，二者功能有所不同，到底采用哪种配置方式，取决于公司组织层面的代理成本与市场交易成本之间的权衡。具体而言，市场交易成本的高低受产权制度、法律制度和中介组织完善程度等因素的影响，在产权保护弱、法律和中介组织发育不健全、外部市场效率低的时候，公司集团成为一种替代性的资源配置方式。Penrose（1959）强调，公司的一些核心资源至关重要，包括企业家才能、专利权、资金、政策倾斜和政府资源的便利获取途径等；这些核心资源是通用的，并且难以借助市场或者跨组织的力量转移，当它们不断积累后，就会产生众多的单个公司，这些公司再集合起来，就形成了新的组织形式——公司集团。然而，上述两大理论也具有一定的局限性。例如：交易费用理论把公司集团的产生和发展归为外因作用的结果，却无法解释为什么在市场和法治环境相对完善的发达国家也普遍存在公司集团；资源理论不能解释为什么很多公司集团的内部子公司采用独立法人体制，而不采用资源分享和传递效率更高的事业部结构。公司集团成因的社会学理论解释认为，仅以市场无效、市场失灵等理论假设来解释公司集团的产生还略显牵强，公司集团的出现和发展，其实与其背后的社会传统、社会规范、社会关系、社会价值等因素密切相关，它们是公司组织形式安排、内部成员关系构建等的基础，而且市场本身也是一种特殊的社会交换关系的集合（Granovetter，1985；Whitley，1991）。从社会学理论的角度解释公司集团为何形成，在一定程度上弥补了经济学理论解释的不足，但其理论规范不够明确，并且过分强调历史和社会因素的影响，忽略了经济全球化和市场竞争所扮演的角色。公司集团成因的政治学理论解释提出，国家与组织间存在相互影响、相互制约的作用路径，宏观的政治制度会影响经济发展，也会对微观的经济组织产生一定作用。政府在资金、法律、政策等方面的支持，有助于公司成长为大型组织（Roy，1997；Prechel，2000）。如果公司集团与政府关系紧密，很容易助长其向政府"寻租"的行为，进而引发腐败，滋生"裙带资本主义"，损害政治和经济的健康发展，并且如果公司集团对政府过于依赖，一旦政府撤回相应的倾斜和支持措施，自身竞争力不强的公司集团就极有可能被市场淘汰（青木昌彦，2002）。然而，政治学理论无法解释一个现象，那就是在政府干预程度低的国家或地区，公司集团仍是最受青睐的公司组织形式。

（2）金字塔股权结构能为终极控制人维护控制权私益提供便利

Bebchuk（1999）认为，控制权私益（Private Benefit of Control）

的大小对公司所有权结构的安排具有重要影响，大多数国家的上市公司之所以形成"一股独大"的股权结构，普遍为一个终极控制人所控制，很大一部分原因是这样更有利于终极控制人侵占中小股东利益和攫取控制权私益，在中小投资者保护薄弱的国家和地区，终极控制人利用"隧道行为"获取控制权私益的动机表现得更为明显。

进一步的研究证实，公司的大股东或终极控制人可在只拥有一小部分现金流权（所有权）的情况下，依靠掌握公司控制权来获得较大规模的控制权私益，而金字塔股权结构是实现现金流权和控制权分离的一种可行的结构安排；在金字塔结构下，终极控制人能够获得大于其现金流权的超额控制权，而其付出的代价只是低于其控制权的一小部分现金流量成本，但最终获得的是超额控制权所带来的资源转移和损害其他中小投资者利益的便利，以及由此产生的超额控制权私益（Bebchuk，1999；Morck and Yeung，2003；Almeida and Wolfenzon，2006）。市场越不完善、契约制度越不健全，终极控制人利用金字塔结构来获取控制权私益的机会就越多（Attig et al.，2004）。我国学者刘启亮等（2008）发现，在投资者保护较弱时，终极控制人会利用金字塔股权结构来实施"掏空"行为，获取控制权私益。张学洪和章仁俊（2010）构建了金字塔结构下两权分离与大股东控制权私利的数理模型，发现在我国资本市场上，由于大股东受到的约束有限，具有足够多控制权的大股东倾向于依托复杂的金字塔股权结构，对中小股东利益实行侵占，从中谋取控制权私利。

（3）金字塔股权结构具有融资优势

Almeida 和 Wolfenzon（2006）发展了一个金字塔股权结构的融资优势模型。其中心观点是金字塔结构与平行结构的区别在于其具有融资优势。平行结构下终极控制人仅仅能用从已控制公司分得的收益对新公司进行融资，但金字塔结构下终极控制人可以用已控制公司的全部收益对新公司进行融资。如果新公司所需的投资额较大，投资回报率较低，法律对投资者保护水平较低导致控制权私有收益较高的情况下，尽管新公司能够盈利，平行结构下终极控制人也可能不能获得足够外部融资来投资于新公司（其模型将投资收益分为可转移收益和不可转移收益两部分：可转移收益被终极控制人独享，理性的外部投资者只对不可转移收益进行支付），而通过金字塔结构则可能建立新公司。其模型关键的两个假设是法律对投资者的保护是有限的，同时公司集团是逐步形成的。在此条件下，模型预测即使外部投资者是理性的，终极控制人承担控制权私有收益的成本，终极控制人还是可能愿意选择金字塔结构。融资优势模型逻辑是制度环境（投资者保护水平）和公司特质因素导致了各个公司不同的控制权结构。因为理性的外部投资者不承担控制权私有收益的成本，金字塔结构并不是终极控制人获取控制权私有收益的工具，反而在假设终极控制人为获取控制权私有收益而转移资源的成本为正的情况下，终极控制人会尽量提高其在所控制新公司的所有权集中度作为减少转移的承诺是最优的。

李焰等（2007）分析了上海复星集团的案例，得出的结论是集团化运作使得企业融资能力大幅提高，有效缓解了企业面临的融资约束。李增泉等（2008）认为，金字塔股权结构之所以优于平行结构，不仅因为金字塔结构能产生权益杠杆效应，还因为金字塔结构存在债务杠杆效应的优势，从而帮助集团公司增加债务融资的规模，使得终极控制人控制的资源范围进一步扩展。周传丽和柯萍（2010）发现金字塔结构形成的内部资本市场能充分放松集团内部公司所受的融资约束，对于提高内部资金配置和使用效率、降低交易成本等非常有益，但在国有企业集团中，这种放松融资约束的功能会比在民营企业集团中更能得到高效率的发挥，并且国有企业集团的两权分离程度越小，金字塔结构的功能发挥就越好，而在民营企业集团则刚好相反。

（4）金字塔股权结构既是"掏空"手段又是"支持"手段

Johnson 等（2000）将"掏空"定义为终极控制人借助金字塔结构以获取控制权私益的一种行为，具体的实现方式是终极控制人通过内部交易，将资源从所有权比例较少的金字塔底部公司输送到所有权比例较多的金字塔顶端公司。Friedman 等（2003）则注意到一个相反的现象，即终极控制人不只是通过金字塔股权结构来"掏空"上市公司、侵占中小股东利益，当集团内部的子公司发生财务困难时，终极控制人也会借助金字塔股权结构的优势，向下面的公司输送自有资金，帮助公司脱困，这是一种反向利益输送的"支持"行为。Riyanto 和 Toolsema（2008）提出了金字塔结构的"掏空"和"支持"理论，并构建了一个模型，假设平行结构下终极控制人不能转移公司财富，而金字塔结构下终极控制人只能运用"掏空"手段来转移公司财富，以便探讨终极控制人控制两家公司时会如何选择其控股模式。他们对模型的分析表明，如果终极控制人仅仅进行"掏空"行为，除非外部投资者没有预期到终极控制人的"掏空"行为或者对"掏空"行为预期不足，否则金字塔结构不可能优于平行结构。然而，当公司有发生危机的可能性，并且外部投资者预期到金字塔结构下公司破产危机发生后，终极控制人可能调用其他公司资源来支持公司时，他们就会乐意以较高的价格投资于金字塔结构公司。如果支持破产危机的公司有利，平行结构下，由于自身资源有限，终极控制人不能支持公司，但金字塔结构下，如果终极控制人有条件支持公司，他们会优先选择金字塔结构。此外，由于终极控制人采取"掏空"行为和"支持"行为的能力与法律对投资者的保护程度呈现倒"U"形关系，因此法律对投资者的保护程度与金字塔结构间也呈现倒"U"形关系。"掏空"与"支持"理论假设终极控制人只能通过公司间的转移来对小股东进行盘剥或支持，从而主张一个观点：终极控制人和母公司其他股东在对子公司进行"掏空"或"支持"以转移资源时，他们的利益是一致的。

2.2.2　金字塔股权结构对公司行为的影响

（1）金字塔结构与"掏空"和"支持"

国内外学者对金字塔股权结构下的终极控制人"掏空"行为进行了较多探讨。国外研究方面，Johnson 等（2000）归纳了终极控制人利用金字塔股权结构转移公司资源、实施"掏空"行为的具体途径，包括转移定价、变卖资产、债务担保、挪用现金等。Bae 等（2002）、Bertrand 等（2002）、Baek 等（2006）分别考察了韩国和印度的集团公司，均发现终极控制人借助金字塔结构的控制链来转移公司资源、损害中小投资者利益的"掏空"行为证据。Cheung 等（2009）对 1998～2000 年中国香港公司的关联方和非关联方交易数据进行了实证检验，发现在关联方交易中，更容易出现异常的资产买卖行为，其背后正是金字塔股权结构所提供的大股东"掏空"便利在起作用。

国内研究方面，廖理和张学勇（2008）以股权分置改革前后的家族上市公司为研究样本，发现股权分置改革前，家族上市公司终极控制人现金流权和控制权的分离，容易引发"掏空"行为；而股权分置改革后，随着全流通时代的到来，家族上市公司终极控制人的两权分离与其"掏空"行为并无显著关联。张祥建和郭岚（2008）发现，终极控制人会利用金字塔股权结构，通过虚增资产价值、向上市公司注入劣质资产等来获取控制权私有收益，侵占中小股东利益，进而损害公司资本配置能力和未来在市场上的价值。陈炜（2009）从投资收益的视角对上市公司的金字塔股权结构是否损害中小投资者利益这一问题进行了研究，发现金字塔股权结构的"掏空"假说是成立的，而且在民营上市公司中，由于控股股东两权高度分离的现象非常普遍，中小股东被"掠夺"的可能性大大增加。王淑湘（2012）以我国家族上市公司为研究样本，把控制性家族的"掏空"路径划分为四个类型，并充分考虑了金字塔股权结构特征对家族上市公司控制人"掏空"行为的影响，结果表明，金字塔结构层级的增加为控制性家族"掏空"上市公司提供了更多便利，而控制权和现金流权的分离度对家族上市公司终极控制人的"掏空"程度并无显著影响。

当然，金字塔结构下，终极控制人并非只会"掏空"公司，必要时也会对集团内公司进行支持。Bae 等（2002）以中国资本市场特有的"ST"（Special Treatment）制度为切入点，发现当公司被标为 ST 后，其在资本市场上的超额回报率较 ST 前有了显著增长，这说明终极控制人很可能为了避免上市公司退市、丧失上市地位而对上市公司实施了"支持"的行为。Cheung 等（2006）研究了中国香港的上市公司，发现在上市公司发生兼并重组后，为了尽快提高公司业绩，增强投资者信心，终极控制人愿意通过金字塔结构，对上市公司进行一定的"支持"。江伟（2005）检验了上市公司的投资—现金流敏感度，发现研究结果能够证实，大股东具有利用金字塔结构来"支持"公司的动机。张光荣和曾勇（2006）以托普软件作为案例分析对象，发现终极控制人对上市公司实施"支持"行为的目标之一是提高上市公司在股票市场的价值。王明琳（2007）认为即使在家族控股的上市公司，"掏空"动机也不能完全解释位于金字塔结构顶端的控股股东的所有行为，既然金字塔股权结构在家族上市公司中能够长期存在，那就说明在某些特定情况下，它能够有效保护公司中小股东和外部投资者的利益，产生"支持"作用，金字塔结构其实是一种中性的控股方式。钟海燕等（2012）以我国国有企业为样本，探讨了地区差异、金字塔结构与企业价值之间的关系，发现金字塔层级与国有企业价值间是一种"U"形的曲线关系，金字塔结构对国有企业及其股东的财富是具有支持和保护效应的，并且与国家对国有企业改革、发展的政策导向是紧密相关的。

（2）金字塔结构与公司融资

在现代资本结构的研究中，Modigliani 和 Miller（1958）提出的资本结构无关论提供了一个较好的逻辑起点，后续研究在此基础上进一步深化、发展。Jensen 和 Meckling（1976）以代理成本为研究视角，探讨了负债对公司所产生的作用，认为负债具有截然相反的"双重效应"，最终仍会引发代理成本的增加：一方面，公司负债增加，可以有效缓解大股东和中小股东间的利益冲突；另一方面，公司大量举债会激化股东和债权人之间的利益冲突。鉴于此，在理性经济人假设下，公司内部股东应当在大股东与中小股东、股东与债权人这两类代理成本间尽可能寻求一个平衡点，做出最优的负债决策，从而实现总代理成本的最小化。Harris 和 Raviv（1988）、Stulz（1988）在资本结构研究中引入了控制权变量，认为控制权的巩固有利于大股东攫取私益，但大股东随时面临来自中小股东和其他潜在的外部投资者的控制权竞争，因而大股东可能提高公司的负债率，进而增加自身的持股比例，以此巩固其对公司的控制权；然而，负债会带来到期还本付息的压力，因此大股东在特定条件下也有降低负债率的动机。Shleifer 和 Vishny（1997）认为股权集中和负债是相互替代的治理机制。

Du 和 Dai（2005）把金字塔股权结构下现金流权和控制权分离所导致的杠杆效应分为三类：非稀释堑壕效应、负债的承诺效应和恐惧财务危机的堑壕效应。这三类杠杆效应中，前两者会增加公司的财务杠杆，最后者则会减少公司的财务杠杆。非稀释堑壕效应表现为负债融资不稀释公司控制权，并且在金字塔股权结构下，终极控制人拥有较少的现金流权，即使大量举债引发财务危机，终极控制人也只需承担很小的现金流损失，这样的风险不对称会增加公司对负债融资的偏好。负债的承诺效应指的是，一旦公司发生较大的现金流权和控制权分离，中小股东可能担心这是终极控制人将要实施"掏空"行为的信号，但由于负债是一种硬约束机制，如果公司财务杠杆水平较高，公司将不得不为此支付超额现金流，这样可以对终极控制人的"掏空"动机和行为产生一定的约束和治理作用，因而终极控制人可能会通过扩大公司负债规模来向外界传达自己不会侵占公司资源和中小股东利益的信号。恐惧财务危机的堑壕效应是指，终极控制人为了预防财务危机和破产风险，可能选择降低公司的负债率，从而规避因外债而导致的财务困境。韩亮亮等（2008）进一步指出，金字塔结构下，股权融资具有和负债融资相类似的控制权非稀释效应，当终极控制人的终极控制权小于实际控制权时，股权融资方式不会对终极控制人的控制权形成稀释。Faccio 等（2003）对比了欧洲国家和东亚国家的上市公司，发现在欧洲国家，上市公司的两权分离程度与财务杠杆表现为负相关关系，欧洲国家有效的外部资本市场较好地限制了终极控制人利用金字塔结构和负债来侵占中小股东利益的行为；而在东亚国家，情况刚好相反，说明东亚国家的外部资本市场整体表现为无效或低效，因而不能有效约束终极控制人的"掏空"行为。Friedman 等（2003）结合亚洲财务危机事件，发现在具有金字塔股权结构的公司中，负债能发挥承诺效应，负债高的公司在股票市场上的表现要优于负债低的公司。

韩亮亮和李凯（2007）对我国的民营上市公司数据进行实证检

验后发现，终极控制人的控制权比例和股权制衡度越高，公司越偏好股权融资，终极控制人现金流权比例越低，公司则越偏好债务融资，这些现象的产生与终极控制人对其承担风险的考量密切相关。李增泉等（2008）分析了我国民营上市公司金字塔结构与负债融资的关系，发现民营上市公司金字塔层级越多，总资产负债率越高，说明金字塔股权结构有利于形成负债融资优势。周颖等（2012）的实证检验表明，当上市公司终极控制人构建的金字塔结构为分离型结构时，上市公司更愿意选择高负债；而当金字塔结构的链条数多、内部关系复杂时，上市公司则倾向于吸纳更多的内部资金，减少对外部债务的依赖。张信东和张莉（2013）发现在我国金字塔股权结构控制之下的民营上市公司中，"零负债"的现象近年来呈现递增趋势，越来越多的民营上市公司倾向于不选择外部的债务融资方式，从一个侧面验证了内部金字塔结构已经发挥显著的内源融资功能，能够满足公司的资金需求。

（3）金字塔结构与公司绩效

国外研究方面，Claessens 等（2002）实证检验了东亚国家的上市公司样本，发现相较于具有平行结构的公司，具有金字塔股权结构的公司的托宾 Q 值更低。Lins（2003）分析了 18 个新兴市场国家的上市公司数据，结果表明，金字塔股权结构增大了两权分离程度，并导致了公司绩效降低。Attig 和 Gadhoum（2003）则得出相反结论，认为选择金字塔股权结构能帮助原本绩效差的公司提高公司绩效和价值，这是因为在市场不健全、制度落后的国家，金字塔股权结构可以成为一种有力的替代机制。Peng 和 Jiang（2006）对 8 个亚洲国家和地区的家族上市公司金字塔股权结构与公司绩效的关系分别进行了实证研究，发现在新加坡、马来西亚和中国香港，金字塔股权结构提高了家族上市公司的绩效；在韩国和印度尼西亚，金字塔股权结构反而降低了家族上市公司的绩效；在其他国家和地区，金字塔股权结构对家族上市公司绩效并无显著影响。国内研究方面，很多关于民营或家族上市公司的研究表明，在这些私人控股的企业，当终极控制人通过金字塔结构对上市公司进行控制时，控制权与现金流权的分离会导致公司价值的降低，也即金字塔股权结构是控股股东"掏空"上市公司、侵害公司价值的工具，符合控制权私利假设（苏启林和朱文，2003；杨兴君等，2003；谷祺等，2006；邓建平等，2006；王力军，2006；武立东等，2007；陈晓红等，2007；罗党论和唐清泉，2008；陈德球等，2011；苏勇和张军，2012）。然而，在政府控股的国有上市公司，金字塔股权结构对公司价值会产生怎样的影响，是政府"掠夺""掏空"上市公司的工具，还是在国有产权制度不健全的情况下对上市公司的一种保护机制，这些问题尚未有定论。刘运国和吴小云（2009）认为国有企业的金字塔结构能够有效抵御控股股东的"掏空"，金字塔的层级越多，"掏空"程度越低。李凯和邹怿（2010）研究了金字塔结构对国有上市公司管理层持股的影响，发现在金字塔控制结构下，现金流权与两权分离程度具有显著的治理效应，能改变终极控制股东的监督动机，从而影响管理层持股的激励作用。刘行和李小荣（2012）对金字塔结构与上市公司税负关系的研究表明，相比非国有企业和中央政府控制的国有企业，地方政府控制的国有企业肩负着更沉重的税收负担；然而，地方国有企业的金字塔结构则可以降低其税负，显著提升其市场价值，也带来了显著为正的累积超额回报。上述研究都认为国有上市公司的金字塔结构可以成为缓解政府"掏空"、保护公司产权和中小股东利益的重要屏障。但也有学者持不同观点，认为国有上市公司的金字塔结构对于抵御政府控股股东的"掏空"、避免政府过度干预等并未具有显著效果（罗党论和唐清泉，2008），甚至还可能成为政府实施侵占行为的工具（渡边真理子，2011）。可见，目前关于金字塔股权结构对民营上市公司价值的影响已基本形成一致结论，但在国有上市公司这一块仍有一定争议，需要区分具体情境，从不同视角展开更进一步的研究。

2.2.3　金字塔股权结构抑制政府干预的相关研究

国外对成熟和新兴市场国家的研究已经表明，金字塔股权结构能够减少政府干预，对于政府控制的国有企业而言，更是加强政企分开、提高企业经营自主权的有效方式（Fan et al.，2007）。当一个国家或地区法制环境不完善，市场经济不发达时，金字塔结构作为一种替代机制，其保护公司产权免受干预的效应就会体现出来（Khanna and Palepu，2000；Fan et al.，2005）。近年来，国内也有部分学者开始关注金字塔股权结构在上市公司产权保护和缓解政府干预方面的作用，并从不同视角进行了考察和阐释。朱松（2006）发现国有上市公司金字塔层级的增多能够提高其公司价值，侧面印证了金字塔股权结构对政府干预的抑制作用。程仲鸣等（2008）通过考察我国地方国有上市公司的过度投资行为，发现金字塔股权结构能够减少地方国有上市公司面临的政府干预，从而有效抑制其过度投资。刘行和李小荣（2012）从企业税负的角度探讨了地方国有上市公司金字塔结构对公司价值的影响路径，实证结果表明，地方国有上市公司的金字塔结构有助于降低其税负，提高公司价值，从而提供了金字塔股权结构抑制政府干预的经验证据。苏坤（2012）基于国有和民营企业产权性质差异的视角，比较了我国国有和民营上市公司金字塔股权结构的成因及对公司经营绩效的影响，结果表明，在国有上市公司中，金字塔结构是政府"放权"的产物，金字塔层级的延长能降低政府干预程度，促使国有上市公司进行市场化经营，进而提高了公司的经营绩效。总之，上述研究都为金字塔股权结构抑制政府干预提供了一定的经验证据，也是本书研究的重要文献支撑。

2.3 关于上市公司资产注入的相关研究

2.3.1 上市公司资产注入的动因

资产注入（Asset Injection）在国外相关文献中并无直接对应的概念，但 Friedman 等（2003）提出的大股东"掏空"（Tunneling）和"支持"（Propping）行为的概念可以在一定程度上为我国上市公司大股东的资产注入行为提供合理解释。大股东及其关联方将持有的各种未上市资产（包括实物资产、股权等）注入其所控制的上市公司中，上市公司再以现金、非现金资产或发行股份等作为对价，从而最终完成上市公司的重大资产重组，这样的资产注入行为有可能使上市公司获得大股东的优质资产，进一步强化主业发展步伐，提高上市公司的市场表现和盈利能力，并使大股东也从中获益，即所谓的"支持"行为；但也有可能使上市公司沦为大股东的一种"工具"，为大股东操纵股价、转移劣质资产、向自身输送利益等行为大开"便利之门"，结果是上市公司业绩变差，大股东则获得私利上的满足，即所谓的"掏空"行为。鉴于我国上市公司大股东资产注入存在较为复杂的动因，甚至可能多种动因交织在一起，因此，有必要对这些动因进行分类和梳理。

（1）达标需求

近年来，已有不少学者从满足有关部门制度要求的动因出发，对大股东资产注入行为进行研究。Friedman 等（2003）发现，在东亚金融危机中，陷入困境的上市公司的大股东愿意向上市公司提供各种必要的支持，帮助公司尽快摆脱困境。Bae 等（2002）、Joh（2003）以韩国上市公司为样本，同样发现了大股东支持上市公司的证据。Cheung 等（2006）关注了中国香港资本市场的上市公司，发现大股东支持上市公司的重要手段之一是关联交易，而支持的目的是希望公司相关指标维持在资本市场的硬性标准之上。Peng 等（2006）将研究对象锁定在我国内地的上市公司，发现对于身陷财务困境的上市公司，大股东有进行关联交易的强烈动机，以便对上市公司提供有力支持，避免上市公司因为达不到监管部门的要求而被摘牌。李增泉等（2005）发现大股东和地方政府愿意在必要时采取措施支持某些上市公司，以满足这些公司的配股、避亏等动机。侯晓红（2006）认为大股东动用自己的资源来支持经营不善的上市公司，其中一个重要原因是避免公司破产后自身利益得不到保障，这也符合经济学原理。

（2）产业链整合

有学者认为，大股东不仅会在上市公司面临财务困境时向公司注入资产，也会在公司业绩表现良好时实施资产注入，这样有利于整合公司上下游的产业链、推进整体上市步伐、减少与上市公司间的关联交易、强化大股东控制权等。具体而言，资产注入可以有效地避免集团内部公司间的同业竞争，创造协同效应，还能对抗来自外部的并购风险，增强大股东控制权（张曼，2006）；资产注入使得公司治理结构更趋完善，降低了管理层的代理成本和集团内部的交易成本（章卫东，2007）；资产注入有利于在集团公司形成一体化的紧密产业链，并减少大股东与上市公司之间的关联交易（王志彬，2008；刘建勇等，2011）。

（3）利益侵占

除了达标动机和产业链整合动机外，还有学者认为，从本质上剖析，大股东资产注入其实暗藏着利益侵占的动机。贺建刚和刘峰（2005）认为，大股东把资产出售给上市公司，很可能是为了借此获取更多私人收益。王明旭（2006）提出要重点关注大股东注入资产的盈利能力、质量等，因为大股东为了攫取私益，有强烈动机去虚增注入资产的价值，甚至把劣质资产直接注入上市公司。张祥建和郭岚（2008）认为，大股东利用信息不对称的优势，在资产注入时实施"注水"行为，人为虚增注入资产的价值，而中小股东很难有效制约大股东的行为，最终大股东可以从中获得超额收益，中小股东的利益却严重受损。朱红军等（2008）以驰宏锌锗（600497）为案例研究对象，通过深入挖掘该公司定向增发资产注入的前因后果，发现大股东的利益输送行为正是通过向公司注入不良资产而实现的。尹筑嘉等（2010）研究发现，通过定向增发进行资产注入的上市公司，其新股定价普遍偏低，并且显著低于股票内在价值；另外，大股东注入的多数资产质量偏差，大股东对小股东的利益侵占现象比较严重。

2.3.2 上市公司资产注入的经济后果

近年来，关于大股东资产注入经济后果的研究取得了一些成果，主要集中在以下三个方面。

（1）大股东资产注入的市场反应。赵宇佳（2008）研究了股权分置改革后我国上市公司资产重组的市场反应，发现事件窗口内总体的股价表现显著为正，资产重组为大股东带来了丰厚回报。范银华（2009）对我国上市公司资产注入重组绩效进行检验，发现大股东资产注入在短期内给上市公司股东带来了平均22.42%的累计超额收益率（CAR）。贾钢和李婉丽（2009）以借助定向增发方式完成整体上市的公司为研究样本，发现这类公司在短期内都产生了显著为正的股东财富效应。李海川（2009）考察了定向增发资产注入对股东财富和上市公司绩效的影响，结果表明，从短期上看，定向增发资产注入具有显著为正的宣告效应。可见，大股东的资产注入在短期内往往都表现为对上市公司的"支持"效应。

（2）资产注入与上市公司长期绩效的关系。有的研究表明资产注入能够给上市公司的长期绩效带来正面影响，例如：邓路和黄欣然（2009）探讨了中国船舶（600150）的案例，发现该公司资产注入后，长期累计超额收益率（CAR）保持在显著为正的水平上；杜勇（2013）以上市公司控股股东定向增发资产注入行为作为研究视角，研究了资本市场中大股东对上市公司"支持"抑或是"掏空"这一问题，发现从长期趋势上看，大股东的资产注入行为使得内部关联交易减少，促进了上市公司价值链的完善，提高了上市公司整体的经营绩效。但更多研究认为资产注入对上市公司的长期绩效是以负面影响为主，也即大股东的资产注入从长期来看，对上市公司是一种"掏空"。张鸣和郭思永（2009）发现，大股东往往利用定向增发中的折价来进行利益输送、"掏空"上市公司，并且折价水平和大股东认购新股的比例决定了大股东能从公司转移多少财富，也证实了大股东具有明显的机会主义行为动机。章卫东（2010）研究了上市公司定向增发资产注入中的盈余管理问题，发现上市公司在定向增发资产注入前普遍存在盈余管理动机，并且盈余管理程度越高，定向增发资产注入后一年的股价表现越差，从而验证了定向增发资产注入是大股东进行利益输送的渠道之一。王蕾蕾（2010）比较了上市公司资产注入前后的净资产收益率（ROE）指标，发现大股东注入资产的获利能力低于上市公司原有资产的盈利能力，即大股东注入的资产普遍为盈利性差的资产，这也是大股东侵占中小股东利益的一种体现。颜淑姬（2012）发现大股东在以注入的资产作为对价参与上市公司定向增发新股之后，注入资产的较长期收益率是普遍下降的，说明大股东注入的并非是优质资产，大股东仅仅是以资产注入来获得利益输送的便利。季华和柳建华（2013）专门研究了我国以再融资为主要动机的上市公司资产注入事件，发现基于再融资动机的资产注入会显著降低上市公司盈余质量，使得上市公司的市场价值降低。

（3）不同资产注入特征对上市公司绩效的影响。曾颖（2007）研究表明在控制了一系列影响因素后，发现若上市公司以股权作为支付手段，则其资产注入后会产生更强烈的市场反应。刘婷和唐宗明（2010）的研究也得出了类似的结论，证实采用股权支付模式的资产注入具有显著为正的市场反应，同时他们还发现，从上市公司产权性质来看，国有上市公司资产注入后的短期累计超额收益率显著高于民营上市公司；另外，大股东持股比例与短期累计超额收益率之间呈现显著的"U"形关系。范银华（2009）、章卫东和李海川（2010）区分了大股东注入资产的类型，发现注入资产与上市公司主业的相关性是影响资产注入后公司绩效的重要因素，如果注入的资产与公司主业高度相关，则上市公司绩效会得到显著提升。季华等（2010）认为证券市场监管也会影响资产注入后的绩效，并且这种影响是积极的：当资产注入经过证监会核准和监管时，上市公司绩效得到显著提高；而当资产注入无须通过证监会核准、仅需董事会和股东大会同意即可实施时，上市公司绩效并未有显著改善。季华（2013）专门研究了归核化资产注入对上市公司绩效的影响以及股权分置改革对归核化资产注入绩效的影响，发现归核化资产注入使产权关系得到进一步理顺，促进了公司盈利能力的提升，对公司绩效具有积极作用；而股权分置改革是归核化资产注入动机发生变化的一个"分水岭"，股权分置改革后的归核化资产注入比股权分置改革

前更能推动公司绩效的提高。因此，对资产注入按特征、类型进行
细致区分并分别探讨其与上市公司绩效的关系，可能得到不同的
结论。

2.3.3 政府干预上市公司资产注入的动因

如前所述，政府对企业的经营活动进行干预在全球都是一个普
遍现象（Faccio et al.，2006）。政府对企业的干预既有可能是出于
"掠夺"动机，也有可能是出于"支持"动机（Shleifer and Vishny，
1994，1998；Frye and Shleifer，1997），究竟表现为何种动机，取决
于政府和官员的政绩目标、社会目标等（Qian and Xu，1993；周黎
安，2004，2007；潘红波等，2008）。我国的政治体制和制度环境决
定了政府在市场经济和企业经营发展中扮演着重要角色，"政府之
手"触及经济活动的方方面面，甚至会变相越过市场机制来发挥作
用（徐晓东和陈小悦，2003；夏立军和方轶强，2005；曾庆生和陈
信元，2006）。同时，在计划经济时代，我国企业几乎都由政府控
制，尽管改革开放以来，不少企业进行了重组和改制，并在证券市
场兴起后纷纷"改头换面"，包装上市，但源自计划经济时代的政府
的"烙印"依然存在，并且政府直接控股的国有上市公司在我国上
市公司中仍占多数。既然国有上市公司的国有股、国有法人股等占
据着重要地位，那么由国务院国资委发起和引导的推进国企改革、
重组的一系列政策，自然也会影响到国有上市公司大股东的行为，
资产注入正是其中值得关注的一种特有现象。研究我国国有上市公
司的资产注入，就不能脱离政府干预这一重要的外部变量，但由于
资产注入的热潮是从2005年的股权分置改革后开始兴起，自2007
年国资委主任李荣融关于"推进大型企业改制上市，推动优质资产
注入上市公司"的讲话后才大规模出现，相关的文献还较为缺乏，

专门探讨政府干预与上市公司资产注入的文献更是鲜见，并且资产注入从其概念、类型和实施过程上看，也可视作一种并购活动，因而以下的综述也纳入了部分有关政府干预与企业并购的文献。

我国的政体决定了我国政府作为国家权威的表现形式，具有和资本主义国家不同的政府责任（吴传毅，2004；王晋军，2008），政府需要承担促进就业、维护社会稳定等各种社会目标（潘红波等，2008）。此外，我国长期以来"GDP唯上"的政府官员政绩考核和评价机制，也促使地方政府官员为了提高辖区GDP增长，赢得更大的晋升机会和空间而展开激烈的"晋升锦标赛"（Qian and Xu，1993；周黎安，2007），并且这样的"晋升锦标赛"会从省级到市级自上而下层层升级（乔坤元，2013）。而对于政府，尤其是地方政府而言，辖区内的上市公司自然成为其推动地方经济增长，实现政绩和社会目标的有力"工具"。地方政府很可能基于帮助陷入财务困境的上市公司摆脱困境、避免亏损上市公司退市、安置剩余劳动力、推进企业改制等方面的考虑，促成"拉郎配"式的并购活动（李增泉等，2005；袁天荣和焦跃华，2006；陈信元和黄俊，2007），并购活动的走向往往由充当国有资产代理人的政府直接决定，这与市场经济的要求相背离（王铮，2003），实质上并未把经济效益置于第一位考虑，而是以缓解政府的政策性负担和为官员晋升铺路作为首要目标（潘红波等，2008），因而这样的并购活动的最终目的是要"掏空"上市公司，使政府从中获取更多的控制权收益。地方政府对上市公司并购活动的干预以"掏空""掠夺"动机为主，这一推论得到了较多文献研究的支持（方军雄，2008；刘东等，2011；田满文，2012），而国有上市公司的资产注入是政府这一控股股东干预下的一种规模较大的企业并购行为，因而，政府在干预国有上市公司资产注入时，也是以"掏空"为最终目标的。然而，也有学者认为，政府在地方国有上市公司的并购活动中不仅有"掏空"，也有通过并购来"支持"上市公司的动机，"两只手"都在起作用（潘红波等，2008）。不过，李增泉等（2005）、章卫东等（2012）均认为，在现有的制度环境下，政府所谓的"支持"式并购活动，只是为了"放长线钓大鱼"，其最终目的依然还是为了"掏空"。此外，章卫东等（2012）还直接以上市公司的资产注入活动为研究对象，系统研究了政府干预与资产注入的关系，发现政府对国有上市公司资产注入的干预表现出显著的"掏空"效应，对于盈利能力强的上市公司尤其如此，原因是政府向上市公司注入了劣质资产；但政府对面临 ST（Special Treatment）的国有上市公司却以"支持"为主，原因是希望尽量避免上市公司退市，以维护内化于上市公司中的各种公共治理目标乃至官员个人利益。

2.3.4　政府干预对上市公司资产注入经济后果的影响

关于政府干预与公司价值的研究，已取得较多成果，主要是围绕政府干预企业的"掏空"和"支持"两种动机展开的，并以不同类别的企业经营活动作为研究视角，得到政府干预会降低公司价值（Shleifer and Vishny，1994；Fan et al.，2007；徐浩萍和吕长江，2007；邓建平和曾勇，2009）和政府干预会提高公司价值（Ferguson and Voth，2008；李善民和朱滔，2006；吴文锋等，2008）两种不同结论。然而，目前还鲜有文献专门探讨政府干预对上市公司尤其是国有上市公司资产注入活动所产生的价值或经济后果的影响，仅有章卫东等（2012）对我国处于盈利和 ST 两种不同业绩状况下的国有控股上市公司进行了研究，发现政府干预会导致盈利上市公司资产注入后业绩下降更多，而 ST 上市公司资产注入后业绩增长更快。除这篇文献外，并无更多的以国有上市公司资产注入为研究对象的文献，但有一些国内学者对政府干预下国有上市公司的并购做了研究。潘红波等（2008）发现政府干预对盈利的国有上市公司的并购绩效会产生负面影响，但对亏损的国有上市公司却会产生正面影响。方军雄（2008）的研究证明地方政府控股的企业更易实施效率低下的多元化并购。黄兴孪和沈维涛（2009）认为地方政府控制的上市公司的并购效率显著劣于中央政府控制的上市公司，但需要将政府是适度干预还是过度干预这一因素纳入具体的情境分析中。刘星和吴雪姣（2011）认为地方政府对盈利的国有上市公司的干预会产生显著"掏空"效应，使上市公司并购价值下降，但对亏损的国有上市公司的干预却并未使其并购价值显著提升，从而进一步验证了政府干预对国有上市公司并购价值更多是以负面影响为主。冯素晶和陈海声（2013）的实证研究也支持上述结论。但也有学者持不同观点，认为政府干预在短期内，或者某些特殊情况下，对上市公司的并购效率还是具有一定积极作用的（张晓波和陈海声，2013；陈少华和李盈璇，2013），并且干预的效果还可能因企业的不同生命周期（王凤荣和高飞，2012）或产权和行业特征等（孙自愿等，2013）而异。

2.4 文献述评

从以上的国内外文献回顾中可以看出，政企关系以及政府干预对企业经济活动的影响是常议常新的研究课题，尤其在我国这样一个处于经济转轨时期的发展中国家，虽已从计划经济步入市场经济时代，但市场经济体制仍有很多亟待完善和健全之处，政府在很多宏观和微观的经济领域依然在强化"看得见的手"的功能，通过对经济的干预，发挥着"支持之手"和"掠夺之手"两种看似矛盾却又实质上统一的作用，这是由政府的社会管理属性和公共服务职能所决定的，政府不仅要考虑经济目标，还要承担多种社会职能，官员也有很多业绩考核的需要，加之因历史原因和改制上市的需要，我国相当一部分上市公司的实际控制人就是政府部门（如作为地方政府直属特设机构的地方国资委），这些都使得政府对上市公司经济活动的干预愈加便利和频繁，股权分置改革后由政府推动的国有上市公司资产注入等并购活动就是政府干预的一个典型体现。另外，股权结构作为上市公司的一种内部权力控制机制，其对上市公司的影响也是学术界密切关注的一大议题。在我国，金字塔股权结构是上市公司尤其是国有上市公司最常采用的一种股权结构模式，金字塔结构的一些特征对公司价值及投融资活动也具有显著影响，可能是"掏空"，也可能是"支持"。近年来，很多学者都对政府干预、金字塔结构、资产注入等问题进行了一系列有意义的探讨，但也存在一些不完善之处，有待后续进一步研究。

首先，目前多数研究表明，政府把自身的政策性目标和官员晋升目标放在首位，而对提高上市公司经济效益目标的考虑反而退居其次，因此政府干预下的很多地方国有上市公司并购活动、投融资活动等实质上都成为了政府"掠夺""掏空"上市公司的渠道。但是，还鲜有研究专门以地方国有上市公司的资产注入为对象，来研究政府干预与资产注入之间的关系，探讨政府干预在地方国有上市公司的资产注入活动中的"掠夺"或"支持"问题。

其次，目前多数研究都证明了金字塔股权结构在民营上市公司中是一种控股股东侵害中小股东、"掏空"上市公司的机制，但金字塔股权结构对国有上市公司是一种"掏空"还是"支持"机制，关于这方面的研究尚未得出一致结论。

最后，目前关于金字塔股权结构的研究主要从投融资、股利分配、经营绩效等方面探讨了金字塔股权结构对公司所产生的经济后果，但还没有专门探讨金字塔股权结构在上市公司资产注入中的作用的研究。另外，目前也鲜有研究将政府干预与金字塔股权结构的内部特征相结合，为金字塔股权结构对政府干预的抑制作用提供进一步的经验证据和解释。

以上这些都是目前研究尚未或鲜有涉及的问题，它们为本书在前人基础上的进一步研究提供了一定的方向和参考。本书将以我国地方国有上市公司为主要研究对象，探讨政府干预、金字塔股权结构与上市公司资产注入绩效间的关系，并运用资本市场的经验数据分别加以实证检验，从而丰富相关研究，为优化政企关系、转变政府职能、推进国企产权结构完善、建立更为有效的机制以缓解政府的过度干预等提供一定的建议和参考。

3 政府干预地方上市公司资产注入行为的理论概述

政府对企业的干预在全球范围内都是一个普遍现象，政府干预对企业是一把"双刃剑"，既有"支持"的一面，也有"掠夺"的一面。在我国，政府与地方国有企业的关系非常密切，很多地方国有上市公司其实就是为地方政府所实际控制，地方政府所有者与地区行政管理者的双重身份，为其干预地方国有上市公司提供了更为便捷的条件。本章主要从理论上对地方国有上市公司资产注入中的政府干预问题展开分析，首先从制度背景出发，探讨地方政府热衷于干预地方企业制度层面的诱因；其次结合政府干预的相关理论，分析政府对地方企业经济活动干预的动机、手段、类型、后果等；最后针对地方国有上市公司资产注入活动，分析政府为何要干预地方国有上市公司的资产注入、如何干预。通过上述理论分析，为后面第5章的实证研究奠定基础。

3.1 政府干预地方企业的制度背景

3.1.1 政府干预地方企业的概念

作为经济学研究的核心问题之一，从最早的重商主义经济理论到凯恩斯主义，再到新自由主义经济思潮，政府与市场、企业间的关系始终是学者们讨论、探究的焦点问题之一。关于政企关系的大讨论，主要围绕政府与市场各自该如何定位和分工、政府在宏观和微观的经济活动中应该扮演怎样的角色等议题进行。政府干预理论认为，既然存在信息不对称、市场不完善等经济现实中不可避免的缺陷，市场在配置资源时不可能面面俱到，仅靠市场并不能实现资源的最有效配置和社会福利最大化，"市场失灵"的现象普遍存在，那么为了及时对市场可能发生的各种失灵、偏差等进行引导和纠正，政府就不能只扮演"守夜人"角色，还应在适当的时机和领域，针对市场中出现的问题，实施必要而适度的干预。总之，政府干预符合市场经济发展的客观规律和内在要求，是市场经济发展中不可缺少的一部分。

关于政府干预企业的概念，西方国家和我国有一定差异。西方国家所理解的政府干预常被称为"政府管制"或"政府规制"（Government Regulation）。所谓的"管制"或"规制"（Regulation），一般指的是用法律、规章、政策、制度等来加以控制和制约，其反义词为"放松管制"或"放松规制"（Deregulation）。而很多经济学著作通常将政府规制定义为政府为控制企业的价格、销售和生产决策而采取的各种行为，包括规定产品和服务质量标准、控制和指导定价水平等。政府公开宣布，之所以要对企业实行规制，主要是为了尽可能制止或限制各种忽视、侵犯社会公共利益的私人决策，政府颁布的各项旨在引导、控制或改变企业日常经营活动的规章和法律即属于政府规制。① 我国学者余晖（1997）则给政府规制下了一个较为通俗的定义，他认为规制是指政府的许多行政机构，以治理市场失灵为己任，以法律为根据，以大量颁布法律、法规、规章、命令及

---

① 李江：《企业并购中政府干预的经济学分析》，复旦大学博士学位论文，2003。

裁决为手段，对微观经济主体（主要是企业）的不完全公正的市场交易行为进行直接的控制或干预。

　　然而，我国的现实情况与西方国家有很大差异，西方国家所定义的"政府规制"的概念并不能将我国政府干预企业的行为完全涵盖进来。在我国，政府既是部分企业的所有者，也是企业所在地的总管理者，政府的这种双重身份使得其对企业的干预不仅包含规制的内容，还具有宏观调控的性质。具体而言，政府对某些特殊产业的保护和扶持、政府对产业结构调整的指引等都带有浓厚的宏观调控色彩，而且能对企业行为产生直接或间接的影响。参考安福仁（2000）的研究，政府干预可以定义为：是指在以市场机制为基础的市场经济条件下，政府主要以宏观间接调控和微观直接干预为手段，通过政策、法律、规则和制度等载体，规范经济主体的行为，以矫正、改善和补充市场缺陷的活动总称。从这一定义可以看出，凡是能够对企业等经济主体的行为构成影响的政府行为，在广义上都可以被视作政府干预。不过，本书认为，任何事物的发展都要把握一个适当的度，否则要么不到火候，要么过犹不及，政府干预也不例外。按照市场经济理论和实践的规律，政府干预的最主要职责和功能是在市场机制发生偏差或失灵时，政府能及时利用社会民众赋予的行政权力来协调经济秩序，对市场失灵所引发的各种问题进行纠正，帮助市场机制逐步回到正常的运行轨道上来，并使市场更好地发挥作用，这样的政府干预对经济和社会都具有积极影响。一旦政府干预凌驾于市场机制之上，显现出较强的随意性、偏好性和专制性，使市场功能被人为弱化，就很有可能"矫枉过正"，造成过度干预，不仅不能有效解决市场失灵问题，反而会损害市场经济健康发展，降低微观经济主体的运行效率，各种负面效应也将随之而来。

3.1.2　经济体制改革中的市场化差异是政府干预的深层诱因

我国是一个处于经济转型期的新兴市场国家，这样的制度背景决定了我国的经济发展方式、政府在经济中的功能、企业的行为特征等与成熟市场国家存在很大差异。所谓"转型"（Transformation），亦称"转轨"，指的是经济体制或制度从一种模式转变为另一种截然不同的模式。转型与改革不同，改革是在不改变以前传统模式性质的前提下对体制中客观存在的一些不合理、不恰当之处进行的改动（吕炜，2003），而转型是对改革概念的进一步延伸，它是改革进行到一定深度、从量变到质变后的必然结果。

我国的经济体制改革最早可追溯至1978年。当时，我国计划经济体制的种种弊端早已凸显，严重影响到我国的社会发展和人民生活水平的提高，各种沉疴亟待"治疗"，"往哪走""如何走"是摆在我国政府面前的两道迫切需要解决的问题。在这一背景下，我国政府制定了改革开放的重大战略决策，积极实行经济改革：一方面，对内搞活经济，开拓经济发展空间，首先探索我国经济发展可行的新的体制模式，然后在此基础上进一步朝纵深方向改革，对财税、金融、收入分配等各个方面的经济制度做出较大调整和变革；另一方面，对外开放，大力引进国外先进的技术和管理经验，并适当融入外资，改革外汇管理体制，进行深入的国际交流、融合，加快缩小与发达国家间差距的步伐，提高我国在国际市场上的地位和国际贸易中的话语权。经过党和人民三十多年的不懈努力，我国的社会主义市场经济体制已基本确立，旧的计划经济体制走下历史舞台。然而，这并不代表我国的市场经济是成熟的，这是因为，判断一国的市场经济是否已趋于高度成熟和稳定，主要应看是否达到两个条件：一是形成了一个市场化条件下激励与约束相结合、相匹配的经济运行环境，并且所有企业都已纳入这一环境中，各自的活动都能规范进行；二是一个能对商业周期变化和经济全球化灵活自如应对的宏观调控体系已基本确立。而从我国市场经济体制确立后的经济整体运行情况来看，这两个条件尚未表现出明显而稳定的态势。因此，我国当前依然处于经济转型期，许多经济转型期的基本特征在我国仍旧明显。

从我国的历史和现有国情来看，我国是一个幅员辽阔、民族众多、地区差异显著的国家，经济发展中的"东西差异""南北差异"早在新中国成立前就已长期存在，这些决定了我国的经济体制改革不可能一蹴而就、全面铺开，必须考虑各地区的实际情况和已有基底，由点到面、分步分片进行，也因此，尽管各个省份处于中央政府统一行政管理和同一个法律体系之下，但作为政策实际贯彻执行者的地方政府的利益主体地位还要保留和维持。由于经济体制改革的"福荫"不可能一步到位地覆盖到所有的省份，"先天"的条件差距和"后天"一定程度上的国家政策倾斜，导致我国的经济发展呈现较强的不平衡性，不同省份的市场经济发展程度往往差异显著。关于这个问题，樊纲等（2011）从政府与市场的关系、非国有经济的发展、产品市场的发育程度、要素市场的发育程度、市场中介组织发育和法律制度环境五个方面编制了我国大陆地区的"市场化进程相对指数"，它能较为全面地反映我国地区间经济发展不平衡的现实情况，以量化的指标形式帮助我们对各地区的市场化进程做出一个更为准确的判断。

正因为我国经济体制改革所产出的成果是一个仍处于转型阶段的市场经济体系，各地区经济发展极不平衡，市场化程度存在明显差异，加之资源有限，"僧多粥少"，每个地方政府都希望从中央争取到更多有利于本地区经济利益和未来长远发展的优质资源、深入扶持等优厚待遇，这些因素从根源上诱发并促进了地方政府之间的激烈竞争，强化了地方政府官员关注本地经济运行和企业经营情况的动力。可以说，我国地方政府热衷于干预企业，正是处于转轨期的社会主义市场经济体制所具有的发展不平衡性特征的必然结果，虽然这其中会有很多市场和政府间的力量博弈和碰撞，可能令身处其中的企业经历一些"挫折"，被迫做出一定妥协，但这是我国市场经济发展之路上必经的一个"阵痛期"和"迷茫期"，也是经济转型中不可回避的一个现象。

3.1.3 财政体制改革直接导致政府干预

财政分权主要起源于两类思想，这两类思想分别立足于不同利益主体的角度，对公共产品的有效性问题展开探讨。具体而言，一类是传统思想，它最早由 Tiebout（1956）通过构建模型而提出，后又被 Musgrave（1959）、Oates（1972）等进一步强调，它主要从消费者效率的角度出发，对地方政府提供的公共产品的有效性问题进行探讨。由于在资源配置上，地方政府比中央政府更具有信息优势，因此，地方政府能更好地向社会提供各种满足本地不同群体需要的公共物品。同时，地方政府在承担提供公共物品服务的责任时，也处于当地居民更严密的监督之下，从而也更有动力去行使好相关职能，为公众谋求更大利益。另一类思想则与传统思想相反，从生产者的角度来考虑公共产品的有效性，认为在信息提供与获取、管理成本等方面，相对于中央政府，地方政府在提供既定的公共物品时的优势都更为明显。根据上述财政分权理论，既然无论从哪个角度分析，地方政府在提供有效的公共产品方面都比中央政府更具有优势，那么中央政府把财政收入和支出的权力都下移给地方政府，将有利于经济朝着更快的增速迈进，也有利于国民经济效率的全面提升。据统计，自 20 世纪以来，财政分权的趋势已经成为世界各国的主流，84% 的发展中国家都在努力推动部分财政权力由中央政府向地方政府下放。而在我国，伴随着 1978 年改革开放政策的提出和实行，经济体制开始由计划经济向市场经济转轨，一条崭新的财政分权化改革之路也从 20 世纪 80 年代初开始全面铺开。[①]

1980 年，我国开始实行"分灶吃饭"的财政管理体制，这标志着我国开始改变改革开放前的计划经济体制下中央政府高度集权、高度统一的财政管理模式，转而进入"分权让利"时期，市场经济改革背景下的财政分权改革就此拉开序幕（张璟和沈坤荣，2008）。1994 年，"分税制"的财政管理体制正式实行，我国财政管理体制最终实现了由集权向规范分权的转变，由过去"统收统支"的管理模式转为分税制，这意味着中央政府和地方政府的关系发生了很大变化，地方政府真正成为拥有独立经济利益的政治组织，它可以在一定程度上支配财政收入并分担相应的财政支出责任（刘汉屏和刘锡田，2003；王秋石和张敬来，2005）。然而，分税制改革在解决计划经济时代遗留的种种财政管理弊病的同时，也产生了新的问题。制度变迁理论认为，在特定的制度结构中，各项制度安排都具有密切的内在关联，"牵一发而动全身"，如果某一项特定的制度安排发生变迁，那么与之相关的其他制度安排也会形成不均衡的状态。从这一观点来看，我国的经济改革之路，本质上正是一个大范围的制度变迁过程，原本各项具体的制度安排都是高度服从中央计划的，但在新的政策环境与经济环境下，它们要发生转变以适应市场经济的需要，而这一过程是不可能在短期内实现平稳过渡的，其中必定有很多制度安排间的摩擦和碰撞，需要经历较长的磨合期，才能达到最终的相互融合，这是经济转轨期的必经之路。必须看到的是，

[①] 本段部分内容参考了尹希果等（2006）的研究。

作为一项制度变迁，虽然分税制改革使得地方政府的财权和责任大大增强，强化了地方政府财政收与支之间的联系，也使其更有关注、推动地区经济发展的积极意识和动力，但分税制改革也存在中央与地方政府间财权与事权划分不清晰、财政收支不对等等缺陷（宋艳伟，2011）。另外，分税制改革虽然使得中央政府与地方政府的财政收入格局有了根本、彻底的改变，却并未适时调整双方的财政支出责任，结果产生了一个尴尬局面，那就是中央政府依然集中了大量财政收入，而地方政府背负着财政支出负担，也因此进一步扩大了地方政府支出责任与收入权限的不匹配程度，使地方政府普遍面临沉重的财政压力。与此同时，以地方经济发展为主导的"政绩最大化"的政府和官员考核机制，带给地方政府及官员极大的考核压力，不同地区的政府和官员不仅要为本地区的经济产出、财税收入等展开激烈的经济利益竞争，还要为通过政绩考核和谋求更大的晋升机会而进行政治利益竞争（周黎安，2004）。根据财政支出理论下的"瓦格纳法则"，财政支出随着经济增长不断增加。在我国各地区间如火如荼的"GDP竞赛"中，要保证经济增长"稳中有进"，就离不开大量财政资金的支持。但地方财政收支不平衡下，"捉襟见肘"的财政压力显然无法满足地方政府及官员的利益目标和竞争需要，地方政府迫切需要采取一些手段以迅速实现其经济和政治诉求，必要时甚至可以扭曲市场和企业的正常运行（龚冰琳等，2005；尹希果等，2006）。由于对财政能力的汲取是我国政府吸收社会资源的主要渠道之一（周立，2003），实行财政分权制度，不仅使得地方政府的财政能力发生变化，还不可避免地改变了地方政府针对经济活动所具有的行为方式。由此，利用行政手段对地方经济发展方式、走向和企业经济活动进行种种干预，成为地方政府解决自身面临的财政危机、缓解财政压力的重要"法宝"，基于财政分权目的的财政体制改革所带来的"权力之强化"和"压力之痛",如一把"双刃剑"悬于地方政府之上,进一步催化了政府对企业的高度干预。

3.1.4 政府官员的考核机制强化了政府干预

(1)基于 GDP 的政绩考核

与发达国家不同,我国的政府官员政绩考核机制有一个非常有趣的特点,那就是对政府官员任职期内的政绩考核,有相当大一部分是与地方 GDP 增长直接挂钩的,地方 GDP 增速越快,官员达到甚至远远超过政绩考核标准的可能性就越大,而政绩完成情况越好,官员就越有可能获得职务的晋升,从低一级政府调往高一级政府,这便是具有显著中国特色的"GDP 导向的官员晋升之路"。从某种意义上而言,我国的地方政府官员既是"经济参与人",又是"政治参与人"(肖浩,2011)。一方面,官员们会在"理性经济人"思维的引导下,对自身的经济利益高度关注;另一方面,由于政府官员的工作性质,政治利益的获取和政治地位的晋升同样是他们希望实现的目标。由此,无论是在不同省份的地方政府,还是在同一省份不同市(县)的地方政府,官员间不仅围绕地方 GDP 增长、财税收入等各项经济指标展开激烈竞争,还要围绕官位的晋升大打"政治竞争之战",其中甚至还掺杂官员个人获取显性或隐性寻租收益的考量,这些都使得政府对地方经济和企业的干预有了更为充分的动力。

关于政府干预的政绩考核机制与政府行为的变迁,周黎安(2004)做了较为深入的研究,他指出,自 20 世纪 90 年代以来,受我国很多地区干部考核制度和人事制度规定的影响,地方官员以当地经济发展为原始目标,开始追求"政绩最大化",这也使得地方政府的行为随之发生显著变化。进一步地,周黎安(2007)还认为,地方官员之间的晋升其实就是一场围绕 GDP 增长展开的"锦标赛"，地方官员管辖地区的 GDP 增长越快，官员个人就越有可能得到晋升。在我国，发展经济是第一要务，只有经济发展了，才能增加国家的财政收入，才能确保各项事务顺利运转，才能保证人民生活水平稳步提高；也只有经济发展了，就业这一民生之本才能得到保障，就业率提高了，社会才能更加稳定。因此，无论是中央政府还是地方省一级、市一级、县一级乃至乡镇一级的政府，都肩负着促进辖区经济发展的重要任务。而在政府官员的政绩考核指标中，中央政府或上一级政府常常把 GDP 增长率、税收增长率、就业率等作为评价和奖惩下一级政府的重要依据，其中尤以 GDP 增长最能直观反映地方经济的发展情况。在这样的考核体系下，地方政府官员如同戴上了"紧箍"，如果完成或超额完成地区 GDP 增长等硬指标，官员就有很大机会获得继续往上晋升的机会，但如果完不成考核指标，官员不仅会失去晋升的希望，甚至在一些地区，还会受到相应的惩罚。不仅如此，如果政府官员在任期内没有获得再任命，其政治生命也基本就此完结，很多收益和福利将不能继续获得。为了迅速实现 GDP 增长等目标，在政绩考核中尽快脱颖而出，获得继续晋升的机会，政府官员很可能实行地方保护主义行为，同时规避那些虽然具有良好发展前景却不能在短期内快速产生收益的项目，转而大搞"政绩工程"建设，将大量资金投放在一些"规模大、进度快"、实则毫无经济效益或效益极低的项目上，甚至迫使本地区的企业进行低水平重复建设。在市场主导经济运行和经济主体行为的趋势已经不可逆转的当今社会，基于 GDP 的政绩考核模式使得政府过度干预经济和企业的现象层出不穷，产生的负面后果也非常显著，这对市场经济的健康发展是极为不利的。

（2）晋升锦标赛制度

根据周黎安（2007）的研究，政府官员是政治活动的积极参与者，在政治事务中能否取得突出成绩，关乎其未来权力、社会地位、个人利益等，因此个人仕途和行政晋升才是政府官员最为关心的内容，地区的财政收入则并非他们关心的终极目标，只是他们实现政治上的诉求所需的"跳板"之一。所谓"晋升锦标赛"，其实是在晋升机会有限的情况下，由中央政府或上一级政府通过制定一定的标准，向各个下级政府部门的官员发起的竞赛。无论地方政府官员级别高低，只要他们处于同一级别，就都进入了朝政治晋升目标迈进的锦标赛的"赛场"，在经历激烈的"高淘汰率"竞争后，只有为数不多的人能够获得政治晋升的"入场券"。

在20世纪六七十年代，我国地方官员的选拔和晋升主要还是以纯政治指标为准，而从20世纪80年代之后，"政治挂帅"的局面一去不返，评价官员政绩好坏的最主要指标，已从过去纯粹的政治指标替换为以GDP增长指标为代表的经济指标。地区GDP增长率越高，官员升迁之路通常就会愈加顺畅。在一些地区，地方政府官员是GDP增长等经济指标的狂热拥趸，他们经常对比指标排名，从中寻找与其他地区的差距。不仅如此，有些下级政府还对经济指标层层加码，提出了比上一级政府更高的指标要求，使得围绕GDP等展开的"锦标赛"大有愈演愈烈、难以中止之势。

对于官员的晋升锦标赛，我们应当有一个客观的看待和评价。在社会主义市场经济建立和发展初期，晋升锦标赛在行政部门和机构中引入竞争机制，激发了官员重视生产、重视企业权益、重视资金吸纳等的积极性，因为这些都是带动经济增长的要素，而经济增长能为官员晋升铺平道路。在地方政府间如火如荼开展经济竞争的同时，政府的服务质量也得到一定提升。但是，必须看到，随着市场经济逐渐朝着更加完善的方向发展，晋升锦标赛在激励政府官员努力发展经济的同时，也产生了不少扭曲性后果。为了更快完成目标，地方官员只关心其任期内的短期经济增长情况，而不重视长期经济增长；只对与政绩考核相关的指标高度关注，对考核之外的指标则不予重视。大搞"政绩工程"和"形象工程"、强迫企业接受不利于自身经营目标实现和长远发展的决定、在经济增长数据里大量"掺水"等现象早已十分普遍，官员为了自身利益不惜劳民伤财，浪费宝贵的社会资源，甚至不惜以身试法，采取违规手段，结果破坏了正常的市场秩序，引发不正当竞争，也扭曲了资源配置效率，这些都是晋升锦标赛下政府干预被过分放大、对经济和企业的发展产生不利影响的具体表现。

3.2 政府干预地方企业的理论基础

3.2.1 市场失灵理论

在市场经济环境下，政府实施必要的、适度的干预是必不可少的，这也是市场经济发展的内在要求、客观要求和必然要求。根据政府干预的定义，政府干预包括政府管制和宏观调控两个方面。其中，政府管制是以法律的强制性为特征，以微观经济主体为直接的对象，通过法律和规则确定和限定微观经济主体行为界限的活动。而政府的宏观调控，是运用财政政策、货币政策和其他政策来减缓经济周期波动并促进经济增长（安福仁，2000）。

虽然从概念的细致区分来看，政府管制主要为市场规则的制定和市场秩序的建立等目标服务，政府的宏观调控则更偏向于调节经济总量和维持经济在整体上的均衡运转，但它们都有共同的终极目标，都是为了确保市场经济按照一定的规则和秩序有条不紊地运转，保证经济和社会能够长期、稳定地发展，推动社会福利的增加。对于市场经济而言，适度的政府干预是保障其井然有序运行的必不可少的条件。美国经济学家萨缪尔森（Samuelson）和弗里德曼（Freedman）都承认，即使市场功能再完善，也不可能毫无缺陷，总会有某些问题是市场仅凭一己之力无法解决的，需要借助政府等外部力量的作用。早在20世纪30年代，身为现代西方经济学代表学者之一的凯恩斯（Keynes）就掀起了一场批判"市场无缺陷论"的经济学革命，不仅直接导致了"市场无缺陷论"破产，还引发了学界对市场缺陷的高度关注。事实上，西方资本主义市场经济体制和以我国为代表的社会主义市场经济体制的长期实践都旗帜鲜明地印证了一个道理：无论在何种意识形态的市场经济体制中，市场失灵或市场缺陷都是客观存在的，而要解决这些市场机制内不可避免的问题和矛盾，就必须依赖于一定的政府干预，政府干预是市场出现问题时的替代、补充机制。具体而言，市场失灵包括三个主要方面：一是资源配置失灵；二是收入分配的不公平；三是宏观经济的不稳定和低增长。

3.2.2 垄断理论

竞争是市场经济长期存在和运行下去的秘诀，自由竞争的良性状态是所有资源得到合理配置、市场经济协调发展的必要保障，也是市场经济的灵魂。离开了自由竞争，市场经济就很可能因缺少进步而难以为继。然而，由于市场本身并不能充分维护公平竞争（王晓晔，1996），在现实中，常常可以看到的是，一些企业不愿意承担竞争压力和风险，希望获得垄断优势，因而它们总是试图通过各种手段来逃避竞争，甚至消灭竞争对手。显然，这样的垄断把自由竞争排除在外，阻止或限制了其他企业进入市场，剥夺了其他企业与垄断企业在同一领域展开公平竞争的权利和机会，损害了正常的市场经济秩序。进一步地，由于失去了竞争，生产者和销售者变得更加随心所欲，他们可以无视消费者对商品或服务的质量要求，可以强迫消费者接受不合理的条件，可以任意定价，还可以有差别地对待不同消费者。在垄断状态下，消费者根本没有消费主权，只能任由处于强势一方的企业等市场主体摆布，最终为垄断"埋单"、深受其害的还是消费者。因此，在仅仅依靠市场自身根本无法解决问题的时候，出于反垄断和禁止各种不正当竞争的考虑，政府需要对市场经济进行必要干预，尤其需要关注身为市场最重要主体的企业的各种行为。

著名经济学家萨缪尔森（Samuelson）指出，市场机制的缺陷以及由此产生的问题和矛盾，促使各国都采用政府干预这只"看得见的手"，与市场这只"看不见的手"共同作用于经济，政府通过经营和控制某些企业、对税收收入再分配、实施必要的金融货币政策等多种手段，来克服市场缺陷的不利影响，度过经济增长缓慢的非常时期，带动经济持续发展。由此可见，市场的固有缺陷决定了市场经济中必须存在政府干预，高质量、高效率的政府通过对身为市场主体的企业进行一定干预，能够打击甚至消除某些企业的行业垄断、恶性竞争等扰乱市场秩序、破坏公平竞争环境的行为，为所有企业在一个更加公平有序的市场环境中自由竞争、实现各方面能力提升等奠定坚实基础。

3.2.3 外部性理论

在经济学上，外部性（Externalities）又称"外部效应或效果"（External Effects），它是指"交易中未加考虑而由第三者承受的效果"（Daniel，1999）。外部性可以分为正外部性和负外部性，当市场失灵时，产生的就是负外部性。负外部性损害了与市场交易当事人无关的公众利益，降低了社会的资源配置效率。

根据 Daniel（1999）的论述，市场的负外部性主要表现为三点：一是局外性，即企业等市场主体的经济活动不仅直接影响参与经济活动的当事人的利益，还会对与经济活动并无直接关系的公众等外部群体的利益产生影响，企业对环境的污染就是局外性的一个典型例子；二是非价格性，即企业或个人经济活动中的当事人只会考虑自身的收益或损失，并以价格的形式对这些潜在的得失在契约中予以反映，而约定的价格不会考虑和反映其他外部人的利益，当有外部的利益相关者受到损害时，市场也不会要求经济活动当事人为此付出成本或代价；三是危害性，即随着当今市场经济的迅猛发展，外部性的影响范围也不断扩大，不仅影响当代公众，还会在未来影响全人类的后代，如果任凭负外部性产生并不断膨胀，那么由此引发的资源枯竭、环境恶化、生存成本提高等问题将成为国家和全人类都面临的发展威胁。正是由于市场会产生负外部性，导致经济主体行为所产生的成本和收益不对称，妨碍市场有效率地配置资源，因此，需要政府采用各种干预和管制手段，增加正外部性行为产生的收益，提高负外部性行为需要付出的成本（Austin，1996）。从企业层面来看，企业作为市场主体和社会的一分子，其行为不能只狭隘地考虑自身利益最大化，还必须充分履行必要的社会责任，关注社会公众等外部利益相关者的基本权益，而政府要对企业行为采取一定的干预措施，以强化企业应尽的社会责任，对企业的负外部性行为予以及时抑制和矫正。

3.2.4 政府"掠夺之手"与"支持之手"理论

Shleifer 和 Vishny（1994，1998）对政府干预经济的动机和后果做了全面总结，提出了政府"掠夺之手"与"支持之手"的经典理论。他们指出，政府在宏观经济运行和微观企业的经济活动中可能扮演两种角色。第一种角色称为"支持之手"，假设政府的目标为社会福利最大化，此时政府可以在"看不见的手"无法发挥作用的市场失灵领域对宏观经济和微观经济主体（企业）进行适当的管制和调整，以限制垄断、矫正负外部效应、降低信息不对称等，这也是对前文几个政府干预的理论基础的总结。但是"支持之手"的理论却无法解释政府的全部干预行为，实际上经济管制的存在可以产生寻租的空间，使得政府乐于积极对经济和企业施加干预，通过攫取企业价值来为自身谋求利益。此时，政府扮演了第二种角色，即"掠夺之手"。与社会福利最大化不同，"掠夺之手"假设政府是以自身私益最大化为目标的，从某种意义上讲，政府也是具有一己之私的"理性经济人"，认为政府对经济和企业活动的干预很可能会凌驾于法律和制度之上，将政府和官员个人的意志、目标等强加于企业，甚至发生违背市场正常运行规律、破坏市场经济秩序的干预行为。"掠夺之手"理论更加符合经济学中的理性和自利假设，在此假设之下，可以解释官员利益集团的寻租行为、政府的创租行为、腐败等现象。"掠夺之手"假设描述了政府的实际行为，并从中寻求限制政府行为的机制。它有助于理解经济制度在经济增长、企业发展中的作用。学者们常站在所有权模式、法律和政治制度等如何促进经济增长的角度对其进行研究，但是他们发现由于"掠夺之手"的存在，许多制度对经济增长和企业效率提高起着阻碍作用，甚至有部分制度都不具备经济效率。"掠夺之手"的假设表明政府并非是服务于社会福利最大化的，国家是博弈的均衡结果，是社会各个利益集团相互妥协后的产物。而改革的目标或者时机，则使得政府的政治利益同社会福利相一致。"掠夺之手"的假设使得关于政府在经济活动中作用的研究能够更加接近现实，并同时承认了政府的局限性。

3.3 政府干预地方企业经济活动的理论分析

3.3.1 政府干预地方企业经济活动的动机

（1）增加公共福利的"利他"动机——基于公共利益理论

公共利益理论（Public Interest Theory of Regulation）认为，当市场失灵时，政府干预会对此做出及时回应。具体而言，公共利益理论认为政府干预是政府对社会公共需求所做出的一种自然而有效的反应，它的前提假设是市场是脆弱的，如果任由市场自由运行和发挥作用，就容易引发不公正、无效率或低效率等问题。政府干预要求政府应从公共利益出发来制定和执行规则，最终的目的是通过提高资源配置效率来增进社会福利，最大范围地维护全社会广大公众的利益（Mitnick，1980）。在公共利益理论的观点下，政府对经济和企业的干预是为了及时对市场失灵的情况做出矫正，并通过一定的干预措施来提高公共福利，维护社会稳定，但实现干预目标的前提是政府能够站在公众立场对市场进行一个理性计算，以便在帕累托最优的原则下进行适当干预。

随着政府干预范围从经济性干预扩大到社会性干预，许多学者用公共利益理论来解释几乎所有的政府干预问题，并把政府干预视为应对和矫正市场失灵的最有效措施（Utton，1986；Breyer，1990；Weidenbaum，1995）。例如：当个别企业通过合谋来限制外部企业进入相关产业，从而产生人为垄断时，政府可以采取反托拉斯的政策，将合谋定为非法的行为，要求企业打破人为垄断，放开产业竞争；当企业行为产生负外部性时，政府可以通过提高税收或罚款等方式，将负外部性内化为企业必须承担的成本，从而促使企业减少负外部性的行为，自觉把公共利益放在重要位置考虑。

总之，公共利益理论认为，政府干预能在市场发生失灵的情况时，对资源配置的非效率性和分配的不公正性等问题、矛盾进行纠正，最终保障公共利益，增加社会福利，维护社会秩序和社会稳定。然而，在现实条件下，真正意义上的完全竞争市场很难存在，市场失灵也是不可避免的。如果按照公共利益理论的观点，那么在理论上，政府也可以毫无边界地进行干预。在 Buchanan（1988）看来，"市场可能失败的论调广泛地被认为是为政治和政府干预做辩护的证据"。公共利益理论把政府干预当作纯粹维护公共利益的一种机制，这与经济现实中政府干预的实际后果还是有出入的，不能完全解释政府干预经济和企业的动机。

（2）实现政府官员私利的"利己"动机——基于特殊利益集团理论

政府干预的特殊利益集团理论（Sectional Interest Theory of Regulation）由 Sitigler（1971）率先提出，随后 Posner（1974）和 Peltzman（1976）在此基础上对该理论加以发展。特殊利益集团理论认为，无论是立法机关还是政府机构，确立和实施政府干预的主体部门都只是某一特殊利益集团利益的代表，不能代表全体公众利益。这一理论的中心思想是，政府干预是为满足某些特殊利益集团的需要而服务的，而不太可能真正照顾到全体社会大众的福利。

Sitigler（1971）列举了政府干预的四种常见手段：政府对特定产业的税收优惠和直接的货币补贴；控制产业进入；控制替代品和互补品的生产；价格控制。一般而言，在企业容易进入的产业中，对政府干预的需求通常也更加强烈。由于政府干预有直接补贴、控制外来者进入、制定固定价格、征收关税、实行配额制等多种不同手段，企业或政府内部的某些利益集团有时也会主动要求政府采用对它们最有利的干预手段,以尽可能维护自身利益。Peltzman (1976) 则借助数学模型推导,从量化层面对特殊利益集团与政府干预的关系做了更加精确的阐释。

总之,政府干预的特殊利益理论以下列假设为基本前提:政府官员也是经济人,同样会做出理性选择,追求效用最大化;权力是政府手握的基本资源,也是利益集团所需的重要资源之一,利益集团有能力游说政府,使政府运用其拥有的权力来为利益集团服务;利益集团以接受政府干预作为自身利益最大化的交换条件。这一理论从理性政府官员所形成的特殊利益集团满足自身私利需求的角度出发,对政府干预经济和企业的动机做出了解释。然而,特殊利益集团理论把政府干预作为实现某些特殊利益集团私利的途径,虽然能解释部分政府行为,但也有其固有的局限性。一个典型的例子是,政府为确保消费者购买产品的安全性或基于环境保护目的而进行的某些干预,并不是因为特殊利益集团施加压力才产生的,其成本由现有厂商承担,但所带来的收益却由全社会共享,而这些享有收益的公众与政府及特殊利益集团也并无直接关系。

3.3.2 政府干预地方企业经济活动的手段

(1) 行政管制

行政管制是政府运用行政力量干预企业的手段,指的是政府借助政治权力和权威,采取发布指示、颁布命令、制定政策等一系列有约束力的手段,对企业经济活动和行为进行直接控制与调节。行政手段具有权威性、强制性、直接性、及时性等特点,在一些关键时刻和特定条件下,它能发挥立竿见影的效果,在保障经济平稳发展、解决突发问题等方面,它所具备的功能是经济和法律手段难以替代的。

需要注意的是，市场经济的总体要求是反对过多的行政监管，因为过多的行政监管会抑制市场竞争并导致效率下降。当行政监管增加时，由于信息不对称，加之政府本身具有的经济人特质和偏好，容易增加寻租行为、不公正现象等出现的概率，并且过多的行政监管会提高政府运行的成本，加重税收负担。基于以上原因，政府行政监管手段的使用在市场经济国家是受到一定排斥的。不过，自20世纪三四十年代以来，不少市场经济国家的实践证明，行政监管具有时效性强、方便灵活、强制度高等多种优势，能够在很大程度上弥补其他干预手段的不足，特别适用于解决一些突发性的、法律暂未做出明确规定的经济问题，这也促使行政管制在政府干预经济活动中的运用得到了进一步强化。

（2）经济调节

政府在经济层面对地方企业的干预并不直接体现在微观层面，而是通过对宏观经济的干预和调节，间接影响企业的业务发展方向、相关的市场决策等。一般而言，政府主要通过制定和落实经济政策来实现对经济活动的干预和调节，具体的经济政策包括财政政策、货币政策、收入分配政策、汇率政策等，希望达到的目标可归纳为以下三点。

一是实现充分就业。按照凯恩斯理论，一个国家只要消除了"非自愿失业"，也即该国所有符合劳动年龄要求、有意愿工作的工人在愿意接受现行货币工资水平的前提下，能够找到工作，就等于实现了充分就业。在现实社会中，西方国家的经济学家一般认为，将失业全部消灭是既不可能也没有必要的，通常失业率能保持在4%~6%，就属于比较正常的情况，可以视同充分就业状态。

二是实现价格稳定。所谓价格稳定，指的就是价格总水平维持在一个稳定范围内。价格稳定并不代表任何商品在任何时候都保持固定不变的价格，但要求价格指数要在一个相对稳定的区间内变化，不出现通货膨胀和通货紧缩，这样国家的物价才是总体上稳定的。

通货膨胀使得物价快速上涨，货币购买力下降，容易导致居民的生活水平急剧下滑；通货紧缩则使得企业产能过剩，市场出现大量找不到销路的商品，影响到企业持续生产经营和市场健康状况。可见，无论是通货膨胀还是通货紧缩，都不利于社会稳定和国民经济健康发展，一旦发生这些异常情况，就需要政府借助经济调节手段，对价格进行调控，以稳定市场上的价格总水平，保证经济、社会的有效运行和人民生活质量的稳定。

三是实现经济持续均衡增长。社会在一定时期内的经济增长，既包括人均生产量的持续增长，也包括人均收入的持续增长。由于在市场机制自身作用下，容易出现经济在一定周期内大幅变化、波动的现象，使生产要素严重过剩时不得不大量浪费，严重不足时又被人们"掠夺式利用"，阻碍了生产要素的合理配置和使用，还会破坏环境，影响可持续发展目标的实现，因而需要把经济持续均衡增长作为一项重要的政府调控目标。如何使经济做到持续均衡增长，保护生产要素的合理利用，为一国经济和社会的稳定创造条件，成为国家和政府宏观经济政策目标的又一个主要内容。

（3）法律约束

市场经济是一种法制经济，市场经济平衡发展离不开国家法律、法规的调控。法律不仅是国家意志的体现，也是规范社会经济生活的重要准则。国家和政府通过经济立法、经济司法，用法律的力量来调节经济活动，从而有效约束经济活动当事人的行为。具体而言，政府通过法律约束来干预企业经济活动的途径有以下几个方面。

一是产权保护法规。例如：我国政府为保护计算机软件研发企业的权益，制定了严格的《计算机软件保护条例》，对计算机软件采用著作权的保护形式，从而弥补了相关领域的法律盲区，有效地捍卫了软件行业企业的合法权益。

二是市场交易行为法规。法律包括《反不正当竞争法》《反垄断法》《打击假冒伪劣产品法》《产品质量法》《消费者权益保护法》《证券投资法》等，通过实施这些法律，生产者、销售者和消费者的利益都能得到合理维护，为产业发展创造一个良好环境。

三是市场准入制度。政府通过制定相关法规，提高产业进入壁垒，可以在规避行业内恶性竞争、保护竞争市场内已有企业的利益、保障产品质量等方面发挥至关重要的作用。

四是行业技术标准。许多国家的政府为了促进其产业竞争力提升，都会参照国际先进标准，以法律的形式制定并落实对本国产业严格、高标准的技术质量要求，从而迫使企业不断进行技术创新、改善质量管理。

3.3.3　政府干预地方企业经济活动的类型

探讨政府对企业的干预及最终后果，需要落脚到具体的企业经济活动上来。通过回顾、总结现有研究，可以发现，在我国，政府对辖区内企业的干预实际上早已渗透于企业活动的方方面面，无论是日常经营和投融资活动，还是研发行为，甚至于企业间的并购和资源整合重组，都有一只"看得见的手"——地方政府的干预在背后发挥不容忽视的影响力。

（1）投资活动

政府对辖区内企业投资活动的干预，主要表现为各级政府将政府的公共治理目标和官员个人的利益都加诸企业之内，并通过一定的方式和路径实施干预，最终可能使企业的投资决策不再以企业价值最大化为最主要目标，而是把投资给政府及其官员带来的收益置于首要位置，企业的投资决策函数发生改变甚至扭曲。

具体而言，从公共治理目标来看，地方政府肩负着多重公共治理目标，既要发展地方经济，增加税收，又要尽可能提高辖区内的就业率（唐雪松等，2010；张洪辉和王宗军，2010）。地方政府公共治理目标完成情况直接关系政府官员的政绩考核，尽管政绩考核是一个综合评价体系，但在我国不少地方，多年来都把发展经济、促进就业、增加财政收入、减少财政赤字等作为官员政绩考核的最重要的标准。在经济发展的目标中，GDP 的增长率又是分量最重的考核指标（刘立峰，2008），它成为衡量政府治理目标完成情况和效率的重要"风向标"。由此，地方政府对 GDP 数字的狂热追逐也就不难理解了。

此外，极具中国特色的"晋升锦标赛"也会深刻影响地方官员的政治晋升，特别是在经济发展水平或速度比较接近的地区之间，地方官员最热衷的事情之一就是相互攀比、相互较劲。为了实现当地 GDP 增长，为自己的升迁"铺路"，和其他地区的官员争夺通往更高一级行政级别的有限"通行证"，地方官员有强烈动机去干预企业的投资活动，引导企业去投资那些更能彰显个人政绩和治理水平的"大项目"。

从官员攫取私人利益的目标来看，在治理地方经济的过程中，地方官员对企业投资活动的干预可能包含了获取私人利益的动机。具体而言，官员的私人利益包括经济收益和政治收益两方面，这其中，显性的薪酬收入和隐性的职务消费、腐败利益等都可以列入经济收益，而政治晋升则是政治收益的具体体现（郭广珍，2009；向杨，2012；王贤彬等，2014）。无论政府及官员追求的是公共治理目标还是私人利益目标，在我国目前的政治生态下，他们都难以凭一己之力顺利实现，必须与辖区内企业的经营状况紧密挂钩。如果一家企业是当地盈利能力强、税收贡献大的"龙头老大"，那么其日后的产出、规模等都会步入良性发展的轨道，还能吸纳人才和解决相当一部分就业问题，对地方经济发展和社会稳定等都具有重大意义，而政府官员在和这样的企业打交道时，也能获取更多潜在收益，无论这些收益是显性的还是隐性的。

（2）融资活动

在企业的融资活动中，政府比较有条件和有机会干预的主要为外部融资活动。与民营企业相比，地方国有企业更倾向于以银行贷款作为外部融资的主要渠道，依靠大量银行贷款获得生存与发展的必需资金（赵金珠，2003）。而之所以会产生这种现象，除了国有企业的预算软约束会降低其对内部融资的依赖性外，还有一个重要原因就是政府干预为地方国有企业通过银行贷款进行外部融资提供了便利。在我国，现阶段政府在金融资源配置中依然扮演关键性的角色（谢乔昕和张宇，2013）。而在金融机构中，五大国有商业银行长期垄断着银行信贷体系，它们是典型的准财政运作体制，深受政府干预的影响和约束，因而对地方政府的"亲生子"——地方国有企业会表现出更多的信贷倾斜，而对民营企业则在贷款手续、抵押条件等方面设置较多限制。地方政府借助强制性的行政力量，能够影响银行信贷资金的流向，通过干预银行体系，使高额信贷资金进入地方国有企业。

进一步地，由于地方国有企业无论是规模、经营时间还是还贷能力等，都比民营企业更具有优势和稳定性，银行给地方国有企业贷款的风险整体上会低于民营企业，加上地方政府可以为地方国有企业融资提供一定的"隐性担保"，这些都促使银行从实际的经济利益角度出发，也会更愿意将地方国有企业作为提供贷款的"大客户"。由此可见，政府干预在地方国有企业的融资活动中起到"保驾护航"的重要作用。

（3）经营活动

我国政府对企业经营活动的干预从改革开放前的计划经济时代就已广泛存在，那时没有真正意义上的民营企业，全国企业都为国家所有，日常生产经营和投资建设全部由高度集权的政府直接控制。企业生产多少产品、销往何处、是否要扩大生产规模、是否需建设新的厂房等，都由政府拍板决定和掌控实际进程，企业实质上并无作为独立法人的自主经营权。20 世纪 70 年代末的经济体制改革，为企业自主经营权的扩大拉开序幕。1979 年 7 月，国务院颁布了《关于扩大国营企业经营管理自主权的若干规定》和《关于国营企业实行利润留成的规定》等一系列文件，并进行了试点；1981 年和 1982 年推行经济责任制；1983 年和 1984 年，先后实行了第一步、第二步利改税；1986 年推行承包制；1993 年 11 月，国家提出建立现代企业制度，改革开始触及产权制度的层面。纵观我国的国有企业改革历程，从总体上看，一个大趋势是企业的自主权在不断地扩大。王世龙（2009）以国有企业改革历程作为梳理脉络，把我国政府干预企业经营活动的历程按照侧重点的不同，划分为三个阶段。

第一阶段是以行政性分权为核心的政府干预。1978—1984 年政府干预企业经营集中表现为行政性分权。1978 年召开的十一届三中全会指出，我国经济管理体制的一个严重缺点就是权力过于集中、政企不分、以党代政、以政代企的现象突出；应该有领导地大胆放权，让地方和企业享有更多的自主权。以此为突破口，国家拉开了政企关系变革的序幕，"放权让利"成为这一阶段政企关系变革的最显著特点。

第二阶段是以企业经营权为核心的政府干预。1984—1992 年的政府干预企业经营集中体现为以经营权为核心。1984 年以后，我国政府开始实行价格双轨制：一方面，逐步缩减中央计划的范围；另一方面，在部分企业产品的价格控制上仍然保持计划。在企业经营中，政府更大幅度地给予企业自主权，但同时又继续对企业职工的奖金征税。政府这些"有放有抓"的措施清楚地反映了国家当时的整体思路：国有企业的性质决定了国家在逐步放松管制的同时，还必须保留足够的直接行政控制（路风，2005）。

第三阶段是以企业所有权为核心的政府干预。1992年至今，政府干预企业经营主要表现为以所有权为核心。面对承包经营责任制出现的问题，如政府对企业监管的动力不足、经营者的短期行为严重等，我国政府开始进行国有企业产权制度的改革。到2003年，中央和省级政府的国有资产管理机构（国资委）相继挂牌，国资委的主要任务是进行国有企业的改革、重组，确保国有资产的保值增值等。国资委的成立是具有突出的时代意义的，它使国有企业因出资人缺位而引发的多头管理、责任人不明确等长期遗留问题得到根本解决，为防止国有资产流失、保护国有资产产权等提供了组织保证。

综上所述，我国目前仍然处于经济转型时期，政府干预在企业经营活动发展过程中始终"如影随形"。一方面，政府与国有企业具有天然联系，经济转型期也存在制度相对落后等诸多缺陷，这些决定了政府对企业的干预是不能缺少的，政府在必要时应当参与到企业的经济活动中，在制度不完善时，适当替代市场的部分功能。但另一方面，政府不是完美无缺的，在信息传递等方面也有着内在缺陷，政府失灵、官员腐败等问题更是普遍存在，而且政府的干预行为不仅受经济目标影响，还受到政治目标、社会目标等的驱使，这些都可能引发不合理的政府干预，甚至导致政府干预对市场活动的扭曲。因此，与发达国家相比，在我国经济体制转型的过程中，政府干预对企业经营的影响更具有不确定性。一个非常典型的例子是，近年来，我国国有企业掀起了一股多元化经营的浪潮，而政府既是国有资产的所有者，又是区域的行政管理者，这样的特殊身份决定了政府尤其是地方政府在企业多元化经营战略的制定和实施过程中的重要地位，也使得我国企业的多元化经营带有非常明显的"中国特色"。

（4）并购行为

我国的企业并购浪潮是随着证券市场一同兴起和发展的，1993年9月，深宝安收购延中实业拉开了我国上市公司并购的序幕；1994年4月，我国第一起国有股权协议转让，上海建材（集团）总公司作为上海市国有独资企业代表国家与恒通集团达成协议，转让了棱光实业35.5%的股权。以此案为标志，地方政府开始直接参与上市公司并购。此后，并购的方式逐渐成为企业发展的重要手段，并且在上市公司并购二十多年的发展历程中，鲜明的政府主导色彩始终"如影随形"。在并购浪潮刚刚兴起之时，大多数上市公司都由政府控股或参股，政府持有的国有股基本不在资本市场上流通，而上市公司的整个并购过程也都由政府通过股东大会全面操控。由于资本市场上同时存在流通股和非流通股两类股权，不利于证券市场化进程的推进，为了解决这一问题，我国在2005年启动股权分置改革，将国有股等非流通股也放入证券市场流通、交易，以期进一步提高证券市场化程度，并适当削弱政府对上市公司经济活动的负面影响。然而，从实际情况来看，股权分置改革并未彻底达到预期效果，地方政府行为对上市公司并购的影响程度依然较高，并且具有正反两方面的效应。

地方政府对企业并购的干预主要是基于其"社会人"的属性，具体而言有两方面目的：一是推动本地区经济繁荣发展和社会福利增加；二是促进国有资产的保值增值（宋盛楠，2014）。然而，实施财政分权体制后，我国地方政府与中央政府在经济职能履行中的地位、侧重点等都产生了较大差别，地方政府的"经济人"属性凸显，既要实现本地区经济竞争力的提升和财政收入的增加，又要追求团体或个人在政绩考核中的胜出，这导致了地方政府干预上市公司并购活动时的行为扭曲。例如：政府不顾上市公司的经营业绩、业务属性、内在文化等实际因素，强行要求本地区内的公司进行并购；政府出于地方保护主义考虑，阻拦上市公司实施异地并购；政府官员以权谋私，在并购中巧妙利用公权力展开寻租活动，结果增加了上市公司的并购成本；等等。上述行为都是政府在干预上市公司并购时发生履职偏差的表现，容易造成上市公司并购后资源得不到合理分配和利用，降低并购效率。

从具体的干预路径上看，地方政府对辖区内企业并购行为的干预是通过其国有企业股东和地区经济、社会活动管理者的双重身份而实现的。一方面，地方政府是地方国有企业的实际控制人，大多数地方国有上市公司的大股东都是地方国资委或具有国有企业性质的母公司，这也意味着上市公司的股东大会受到政府重要影响，政府能够在上市公司并购等活动中行使关键决策权，对公司并购的数额、成本、融资方式、进度安排及各项决议、草案、报告等均可直接或间接施加控制。此外，虽然地方政府及相关职能部门并不过多参与并购的具体工作，也不是直接执行者，但根据委托—代理理论，地方国有上市公司管理层是受地方政府委托来具体管理公司、负责公司日常运营的，他们需要了解并购各方的所有相关信息，并完成好并购后的整合、再利用等后续工作，而为了减少管理层在并购过程中的自利风险，代表政府的国有大股东会通过薪酬设计、福利、股票期权、高管持股计划等多项激励措施，将管理层利益与并购效果进行挂钩，并采取一些监管手段，从而确保并购按政府预期进行。

另一方面，作为地方各项事务的监管者，地方政府虽然不直接参与并购的具体环节和过程，但可以通过其地区管理职能实现对并购的干预。首先，地区之间巨大的竞争压力，促使各地方政府想方设法在法律和上级政府允许的范围内尽最大可能发展地方经济，积极支持企业并购就是政府的措施之一，地方政府颁布各种规范性文件和地方性法规，如推动地区特色产业和优势产业的企业并购、扶持小微企业上市等，以政策性工具来促进地方上市公司并购发展。其次，由于企业的社会责任和政府的社会管理职能，地方国有上市公司承担了部分来自地方政府的社会发展目标，地方政府为了更好、更快地实现这些目标，常常借助于乘数效应较大的上市公司并购，并为上市公司提供诸如税收优惠、优先贷款等各种便利政策，与上市公司互惠互利。最后，证监局等政府下设部门对地方资本市场负有直接的监督管理责任，需要严格监管上市公司并购中的信息披露、财务状况、高管变动等事项，一旦发现上市公司有违法、违规行为，要按照有关法律法规的要求对公司做出严厉处罚，以保障并购活动在合法、合规、有序的前提下进行。

3.3.4 政府干预地方企业经济活动的结果

（1）导致低效率投资

自 1978 年后，我国的财政体制发生了重大变革，财政权从中央政府逐步向地方政府下放。财政体制改革意味着地方政府已经成为独立的财政主体，地方政府一方面获得了自主支配财政收入的权力；另一方面也必须自己负责辖区内的各项财政支出（Oi，1992）。同时，地方政府还承担着经济发展、就业、社会养老、社会稳定等诸多经济和社会目标。此外，伴随着经济体制的转型，地方政府官员的考核标准也从计划经济时代以政治指标为主向市场经济时代以经济绩效指标为主的方式转变，其中一项非常重要的经济指标就是GDP增长率。因此，地方政府官员迫切希望地方经济得到高速发展，这样既能够解决财政收入的来源问题，也有利于实现GDP增长和社会稳定等政绩考核目标。而企业扩大投资正是实现上述考核目标的一种有利方式，在拉动地方经济增长、提供更多就业机会、维护社会稳定等方面都能发挥实际作用。因此，面临竞争压力的地方政府和官员为完成政绩考核目标，并在以经济增速为重要指标的"晋升锦标赛"中获胜，往往把投资视为一个最佳选择和途径。同时，当前我国政府对国有企业在行政上仍然存在"超强控制"，这为政府干预其控制的国有企业的投资活动提供了便利，并且政府为了更快完成各项考核目标，最终容易导致国有企业发生过度投资（Chen et al.，2011；白俊和连立帅，2014）。

政府对辖区内国有企业投资决策的过度干预，会引发对企业的"掠夺效应"。较强的政府干预容易扭曲企业投资决策的效率目标，对投资者利益造成损害，而且当政府急于求成时，往往在给予企业投资机会时不会过多考虑投资项目是否有较大的盈利空间，只是一味追求规模扩张，这样的过度投资存在很大的无效率或低效率风险，对企业是一种变相"掠夺"。

（2）增加外部融资便利性

当地方国有企业的外部融资渠道受限时，政府干预在企业外部融资中的作用不容忽视。政府既可以直接干预银行信贷资金的流向，又可以在必要的时候为企业提供一定的"隐性担保"，从而为企业的外部融资提供便利。

首先，某些地方国有企业在其所在地具有较大的经济影响力，也是政府政绩的突出"符号"，政府愿意为这些企业创造便利的融资条件。如前所述，分税制改革和政绩考核制度的变迁，一方面增强了地方政府权责的独立性和自主性；另一方面也给地方官员带来更大的考评压力。中央政府或上一级政府对下一级政府官员的政绩做出考评的最直接依据通常就是地区的 GDP 增长率、就业率等显性政绩指标，这些指标能否在一个较短期间内实现较快增长、达到理想数值，往往决定了官员能否顺利赶上职位晋升的"班车"。而经济影响力大的地方国有企业更能在政绩指标上给予地方政府有力支持，地方政府为了保障这些企业的经济影响力，便会借助种种行政干预手段来降低地方国有企业的融资约束水平，为企业融资尽量创造便利。

其次，地方国有企业更容易将地方政府"捕获"，使地方政府在利益目标一致的前提下，为企业融资活动提供便利（孙铮等，2005；谢乔昕和张宇，2013）。地方国有企业的第一大股东都是政府利益的"代言人"，通过参股地方国有企业，政府与企业在经济上的利益往来更加密切。以分红、配股等实际利益为纽带，在地方国有企业融资时，地方政府愿意创造各种条件来缓解企业面临的融资约束，为企业融资打开多扇"方便之门"，这样有助于实现政府与企业经济利益最大化目标的"双赢"。

（3）诱发企业多元化经营

从政府的角度来看，我国在政府权力分配上经历了从集权到分权的过程，地方政府在此过程中获得了财政自主权、经济管辖权等权力，同时诸如增加财政收入、提高就业率等经济目标也落到地方政府肩上（潘红波等，2008）。分权随之产生的我国官员的"晋升锦标赛"机制，使各地方官员为优化政绩而将获取晋升的政治目标摊派到其辖区内的企业上，地方国有上市公司更是首当其冲。因此，政府出于经济与政治的双重目的，将有动机干预企业的经营，而多元化经营正好可以满足地方政府的这些目标。一方面，多元化有助于企业规模的扩大，能够提供更多的就业岗位，其所带来的销售税费上缴，也能够增加当地的财政收入，从而满足了地方政府的经济目标；另一方面，企业并购重组等多元化战略能在较短的时间内迅速扩大公司的规模，使一些地区形成一个以大型上市公司为核心的产业集群或集团公司（周黎安，2004）。对于地方政府官员而言，即使这类多元化投资是无效率的重复建设，但只要能成功妨碍到其他地区同行业的企业绩效提高，他们宁愿"两败俱伤"（张洪辉和王宗军，2010）。由此可见，多元化经营作为政府实施政绩工程的有效途径之一，可以阻止参与"锦标赛"的其他地方官员的晋升，这就满足了各级政府的政治目标，地方政府自然有动机促使地方国有上市公司实施多元化经营。而在地方财政赤字严重、失业率高、政府负担重的地区，地方政府干预企业多元化经营的这种动机更强。

从企业层面来说，一方面，我国是一个新兴经济体，经济的高速发展与政府政策的不断更新，给企业带来了众多市场机会和巨大利润诱惑，使企业具有主动实施多元化经营的动机；而另一方面，由于我国强势的政府背景，在不少企业管理者看来，政府的管理体制仍然是最有影响力、最复杂和最不可预测的环境因素（Tan and Litschert，1994），这又形成了企业被动实施多元化经营的现实需要。有相当一部分企业进入多元化发展的初衷是为了得到地方政府更大的支持，而在很多方面妥协和迁就政府、尽力迎合和满足政府官员的政绩需求则是必须要支付的"代价"。

（4）并购的政治目标色彩浓厚

相较于市场手段，政府在干预地方国有企业并购的过程中更习惯采用行政手段。在我国地方企业的并购过程中，"拉郎配"是非常普遍的现象，政府运用行政手段强行配置、整合资源，这样可以减少因信息不对称或不充分而产生的不确定性，提高并购完成的速度和成功率（刘阳，2011）。

需要注意的是，在我国，政府本身就是国有资产的实际所有者，政府以这样的身份介入企业并购并参与其中的关键环节，这与市场经济的本质并无冲突。但是，如果政府不能很好地将自己国有企业控制人和地区行政管理者的身份区分开来，把企业并购抹上浓重的行政化色彩，那么这样的企业并购就容易与市场规则发生冲突。从我国国有企业并购的实际情况来看，政府的运作方式更多是通过各种行政手段来对资源进行重新配置。地方政府主导的"拉郎配"式并购，更多是为政治目标和官员意志服务。如果不考虑并购双方的实际情况，也不事先对并购后产生的效应做合理估算，只是强行把经营出现困难的企业并入其他企业，这样的并购是对市场资源配置功能的扭曲和异化，并购后的资源整合效应和新主体的效率提高等也就无从谈起。总之，政府硬性行政指令下的"拉郎配"式并购产生的不良后果之一，是资源配置效率降低，参与并购的主体都无法完成最优的资源配置。

此外，必须承认，我国目前仍有部分政府官员缺乏经济学的学科背景，也没有系统接受过经济学、管理学等专业知识的后续培训，在地方国有企业并购问题上容易犯"拍脑袋决定"的错误，只是盲目鼓励和撮合企业间的资产整合，而不考虑企业之间在业务上的内在关联性和上下游产业链的一体化。这样的并购重组偏离市场的效益原则和目标，仅仅以做大企业规模、满足政府及官员的政治目标为动力，没有考虑企业自身的资源整合能力和资本规模，从而造成形式上的"规模经济"，甚至使企业负债累累，在未来陷入财务困境和整合后种种内部问题难以协调的尴尬，反而是对企业的一种"掠夺"，最后承担成本和损失的只能是国有企业本身和广大人民群众。

3.4 政府干预对地方上市公司资产注入影响的理论分析

3.4.1 政府干预地方上市公司资产注入的动机

（1）制度背景：分拆上市弊端与股权分置改革

我国证券市场建立初期，由于市场容量有限，难以承载大量公司上市，因而证监会对公司发行股票上市制定了严格标准，许多国有企业为了达到 IPO 条件，并尽可能筹集更多资金，往往在政府的干预下通过将原有国有企业剥离部分资产，组建股份有限公司的方式发行股票上市，即"分拆"上市，这也使得我国国有上市公司从一开始就存在改制不彻底、与政府和母公司关联关系不可避免的问题（吴敬琏，2002；刘建勇等，2011）。分拆上市的模式在证券市场建立和发展初期的确吸引了部分优质资产进入上市公司，但它人为破坏、割裂了上市公司资产的完整性，不利于上市公司长期的业务发展和业绩提高（黄清，2004；刘建勇等，2010）。为了改变分拆上市所造成的不利局面，促进我国上市公司尤其是大型国有上市公司的做大做强，自 2005 年起，随着股权分置改革的大幕开启，国家有关部委先后出台了一系列政策法规，鼓励控股股东将优质资产注入上市公司，支持上市公司通过并购重组实现做大做强的目标。国资委也积极推进"加快整体改制、整体上市的步伐"，"鼓励已经上市的国有控股公司通过增资扩股、收购资产等方式，把主营业务资产全部注入上市公司"。随着我国资本市场进入全流通时代，无论是国有股股东、法人股股东还是个人股股东，他们的利益都与上市公司的股票市值更加紧密地挂钩，如大股东将持有的未上市资产注入其控股的上市公司，并以资产为对价的形式获得相应股份，一旦未来上市公司股价上涨，大股东将获得巨大的股权增值效应。在利益的驱动下，上市公司的资产注入的热潮在我国资本市场方兴未艾，上市公司的大股东纷纷通过定向增发新股、吸收合并、资产置换等各种方式将未上市的资产注入上市公司。作为地方国有上市公司的实际控制人，同时又是地区的公共管理者和经济调控者的地方政府，这样的"双重身份"为地方政府用行政手段干预地方国有上市公司的资产注入行为创造了更加便利的条件。这样，地方政府干预下的地方国有上市公司资产注入热潮的出现和发展有了坚实的制度保障。

（2）社会性动机：地方稳定与社会福利

第一，维护社会稳定、增进社会福利。地方国有上市公司大股东向公司注入资产后，可能使原有的公司组织结构发生变化，特别是当资产注入与国有企业并购相结合时，对并购双方员工尤其是目标企业的员工会产生很大的影响，导致一系列影响社会安定团结的社会问题，如工人失业等。在这种情况下，政府有必要最大限度地控制和降低因并购重组而产生的失业率，尽全力保证社会福利的稳定和提高，而立法、补贴等干预手段是政府解决此类问题时经常采用的。

第二，协调各方利益，维护社会公平。现代企业理论提出，企业是存在于不同个人和群体间的法律实体，它由一组复杂的显性契约和隐性契约交汇而成，这组交汇的契约涉及企业内外部多个利益相关者，包括股东、债权人、员工、消费者、政府乃至社会公众等（Jensen and Meckling，1976）。资产注入的开展牵涉多方利益，可能改变上市公司原有的利益格局，利益协调的效果好坏，不仅决定了资产注入的成功与否，还直接影响着各利益主体在以后的积极性。因此，政府必须充分发挥其经济管理职能，在资产注入过程中积极维护、协调各方利益，推进资产注入顺利进行。

（3）经济性动机：地区经济发展与亏损企业"脱困"

第一，克服市场失灵，提高企业竞争力。负外部性、垄断、信息共享不及时和不充分等各种市场失灵现象的存在,容易造成不合理的资源配置,从而使政府对资产注入等资源整合重组活动的干预成为必要(袁天荣和焦跃华,2006)。政府干预克服或缓解"市场失灵"问题的具体路径,主要是政府通过制定、颁布相关的法律法规,并向上市公司提供必要的宏观信息,从而对上市公司资产注入活动进行必要的引导和约束。

第二,推动经济发展,维护国家经济安全。企业是国民经济的细胞,是国民经济健康发展的重要保障。而对于政府而言,国有企业堪比"细胞"群体中最能主导国民经济发展的决定性力量。地方国有上市公司的优质资产注入不仅能集中所有优质资本,为公司带来更多竞争优势,还能进一步完善公司内部的组织结构,最终可以实现整个产业的发展壮大,推动地方经济和整个国家经济实力的提升。因此,地方政府将优质资产注入地方国有上市公司是一条具有可操作性和效益性的路径。

第三,调整和优化产业结构,带动绩效差和亏损企业尽早摆脱困境。资产注入促进了资产的流动性,使它们从经营效率低的企业流向经营效率高的企业,从而在资产存量有限的情况下,促使资产集中于利用效率较高的企业(董小君,1996)。政府通过适当干预地方上市公司的资产注入,引导社会经济资源不断向优势企业集中,有利于避免资源浪费,提高生产效率,推动产业整合升级,还能"以先进带动后进",帮助本地区落后企业甩掉"包袱",通过资产注入等获得一定的扶持。

(4)创租性动机:官员租金与政治晋升

在现代经济学的主流观点里,政府也是"理性经济人",同样具有一定的利益诉求。贺卫(2002)认为,政府获取"租金"的主要途径是干预、管制经济,并将政府"租金"的来源分为三类:一是政府的"无意创租",这类租金是政府为弥补市场缺陷而干预经济时产生的租金;二是政府的"被动创租",这类租金来源于政府为满足特殊利益集团需要而实施的干预行为;三是政府的"主动创租",这类租金的通俗说法是"权钱交易",是政府官员主动利用行政权力而人为地制造租金。在地方国有上市公司资产注入的过程中,创租、寻租行为主要表现在政府官员为了获取私人租金收益,满足部分利益集团的需要,并为自己的政治晋升寻找一些隐蔽"捷径",可能牺牲地方国有上市公司的利益,将一些劣质资产重新包装后混入上市公司。这些创租、寻租行为会产生负面后果,往往造成资产注入的长期市场反应和经营业绩远不如预期,严重浪费了社会经济资源。

3.4.2 政府干预地方上市公司资产注入的时机

政府对地方国有上市公司资产注入的干预,往往具有特定的目的,如帮助政府控制的企业完成整体上市、在短时间内迅速扩大地方国有上市公司规模、解决不良资产闲置问题、扶持绩效差或亏损企业等,而最终是要为政府的地方治理目标更好更快实现、转移政府所面临的一部分政策性负担、提高官员政绩、为官员"晋升之路"的顺利进行创造条件等各种政府及官员的诉求而服务。那么,政府通常倾向于在何时干预地方国有上市公司的资产注入呢?本书认为,可从以下几方面加以分析。

(1)IPO 前注入资产

在国有企业改革的浪潮中,如何推动国有资产的证券化、提高各地国有资产证券化的比率一直是国家和政府最为关注的问题之一。通过上市将国有资产证券化,不仅能实现国有资产的保值增值,还可以快速引入一些非国有资本,从而促进国有企业混合所有制股权的发展。自 20 世纪 90 年代我国证券市场兴起并逐渐进入蓬勃发展阶段以来，一些大型国有企业在政府主导下，采用分拆上市的模式，先剥离一部分优质资产组建公司，再让公司在资本市场上发行股票上市。但分拆上市人为割裂了上市公司与集团母公司间的联系，不利于产业链的延续和集团内部资源的有效整合。因此，股权分置改革后，为了募集更多公司发展所需的资金，也为了在国有企业建立和完善更符合市场规则的现代企业制度和公司治理结构，在地方政府的主导下，一些地方大型国有企业集团通过换股吸收合并的模式，与其控制的地方国有上市公司按照一定比例换股，并将相关资产注入上市公司，从而实现集团公司资产的整体上市；或采用换股 IPO 的模式，与地方国有上市公司换股后，上市公司把资产注入集团公司，而身为大股东的地方国有企业集团在资本市场整体上市后，原有的上市公司被解散或注销。通过资产注入实现 IPO 的典型案例包括上港集团（600018）吸收合并上港集箱后整体上市、TCL 集团（000100）吸收合并 TCL 通讯后整体上市等。

（2）借壳上市前注入资产

如前所述，国有资产证券化是我国国有企业改革的关键议题之一。在实务中，资产注入、整体上市和借壳上市是推进国有资产证券化的三种主要方式，并且通常会结合使用。对于主营业务相对单一的国有企业而言，只需将非经营性资产剥离，把与主业密切相关的经营性资产整体上市，就可以实现资产证券化的目标。而对于缺乏上市平台的国有资产而言，实现资产证券化的方向主要是在政府（国资委）的引导和干预下，进行跨集团的资本运作，资产注入和借壳上市相结合就是其中的一种常用手段。地方国资委先选中一家具有一定的盈利能力、无过多负债和不良债权的上市公司作为壳公司，然后在其主导下，未上市的地方国有企业集团通过收购或其他合法方式，取得壳公司的实际控制权，成为上市公司的大股东，然后通过资产置换、资产剥离等手段，将集团未上市的资产注入已上市的壳公司，并让集团的业务进入到上市公司，变为上市公司的主营业务。这样，集团原先未上市的业务和资产就与壳公司进行了有利"对接"，通过壳公司，实现了国有资产的间接上市。借壳上市的一个典型案例是上海现代集团借壳棱光实业（600629）上市。

（3）并购时注入资产

自 2007 年 12 月 5 日，国务院国资委发布《关于推进国有资本调整和国有企业重组的指导意见》后，我国国有企业的并购进入了一个更为活跃的时期。据《投资者报》研究院的统计显示，仅 2013 年一年，我国并购市场全年完成的交易金额就高达近 6000 亿元，其中 A 股市场的上市公司并购额达到 1474 亿元，比 2012 年高出了 2 倍多，出现了爆发式的增长，而地方国有上市公司是并购的生力大军，尽管 2013 年实施并购重组的地方国有上市公司数量仅有 24 家，仅为民营上市公司数量的一半，但这些地方国有上市公司的并购重组金额高达 1020 亿元，约占全年上市公司并购总额的 70%，平均每家地方国有上市公司的并购额是每家民营上市公司的 3 倍多。[①] 从中可以看出，地方国有上市公司的并购热潮大有愈演愈烈之势。这其中，有些是国有上市公司自主推动的并购，也有相当一部分是在政府直接干预和推动下进行的并购。地方政府往往倾向于对辖区内业务相近的国有企业实行并购重组，必要时也会推动其控制的地方国有上市公司去收购民营企业，如 2008 年山东钢铁集团公司就是在山东省政府的大力支持和推动下，对民营企业日照钢铁展开收购。地方政府之所以要积极促成地方国有上市公司的并购重组步伐，其目的主要有两点：一是希望通过企业间的并购重组，实现资产的迅速

---

① 引自《2013 年并购创五年新高，地方国企并购超千亿》，中商情报网，深圳，2014 年 3 月 3 日，http://www.askci.com/news/201403/03/0384821210800.shtml。

累积和各方面资源的优化整合,产生"1 + 1 > 2"的协同效应,为上市公司做大做强、成为地方GDP增长的重要力量和对外招商引资的亮丽"名片"奠定优质基础;二是借助并购重组的机会,缓解部分长期以来业绩表现不佳的国有企业所面临的困境,维护国有资产保值的基本要求,促进地区的和谐稳定,并且同一辖区内的企业并购也可以使"肥水不流外人田",保障地方政府对国有企业的控制地位。而值得注意的是,随着股权分置改革的完成和资产注入热潮的发展,地方政府干预下的地方国有上市公司并购也显示出崭新的发展面貌。如今,以地方国资委为主导的资产注入类型的并购已成为资本市场上市公司并购的主流。在地方国资委的干预下,已上市或未上市的地方国有企业集团依托并购重组的机会,通过吸收合并、资产置换等方式,将资产注入到另一家集团控制下的上市公司,最终可组建形成一个新的大型国有企业集团,并以新的集团的名义,实现相关国有资产的整体上市。

(4)定向增发时注入资产

股权分置改革后,定向增发因其具有不限认购人数、不限支付方式、信息披露要求不高、发审程序简易、融资费用低、对上市公司财务状况要求不高等诸多优势,很快便成为大股东和广大机构投资者追捧的一种股权认购方式。由于在上市公司向投资者定向增发新股时,投资者既可以以现金认购,也可以以其他非现金资产认购,形式灵活多样,许多上市公司的大股东便抓住这一便利,直接以持有的股权或各种实物资产为对价,将这些资产注入上市公司,并从上市公司获得一定数量的股权,这样大股东无须支出现金就可增加对上市公司的持股比例,还能获得一定的折价"优惠"。对于地方国有上市公司而言,若地方政府选择在上市公司向大股东定向增发新股时实施干预,引导地方国企集团等大股东将一些优质或劣质的国有资产注入地方国有上市公司，并对资产价值的评估过程、结果等进行一定的干预，使资产价格被高估，那么地方国有上市公司的大股东将很可能以更低的认购价格获得更多的股权，进一步巩固对上市公司的控制权，当持有的股权产生增值效应时，大股东将攫取更大的财富，这便导致了大股东对地方国有上市公司的利益输送。

（5）偿还历史欠款时注入资产

除了以上几种常见的情形外，地方政府对地方国有上市公司资产注入的干预还会表现在控股的企业集团向上市公司偿还历史欠款时。当身为地方国有上市公司大股东的地方国有企业集团向上市公司借债，但无足够现金来偿还欠款时，在地方政府的推动下，集团会先向上市公司注入资产用以冲抵部分债务。例如：中国武夷（000797）于 2006 年 7 月 19 日发布公告，称其控股股东建工集团拟采取以资抵债方式偿还 44988.07 万元，其余 7925.16 万元拟在 2006 年底之前以现金方式偿还占用中国武夷的非经营性资金 52913.23 万元。

3.4.3 政府干预地方上市公司资产注入的类型

政府对辖区内地方国有上市公司资产注入的干预，除了涉及资产注入的时机外，也在很大程度上影响到大股东注入资产的类型。虽然当前我国地方国有上市公司的大股东并不直接由地方政府担任，但无论是地方国资委还是地方国有企业集团等，它们的行为在很多层面还是受到地方政府意志的深刻影响，因而地方政府有动机也有能力来干预地方国有上市公司注入资产的类型。具体而言，本书认为可归纳为以下三种情形：一是向优质上市公司注入优质资产；二是向优质上市公司注入劣质资产；三是向劣质上市公司注入优质资产。这些情形实际上也是政府在不同的环境和因素下，对地方国有上市公司"支持之手"和"掠夺之手"的具体表现，但无论如何，本质上都是为更好达成政府的干预目标而服务。

（1）向优质上市公司注入优质资产

我国地方国有上市公司在资本市场建立初期，受市场总容量和IPO标准的限制，多采用分拆上市的方式上市，但分拆上市只能将企业的一部分优质资产证券化，有的国有企业还留存了一些未上市的优质资产，未能与已上市的资产形成整合效应，也不利于上下游一体化的产业链的形成。股权分置改革的一个任务就是要将分拆上市所造成的弊端逐渐消除。此外，随着地方国有上市公司经营业务的发展和业绩的提高，公司也迫切需要一些外来的优质资产，以扩大公司资产规模、提高资产盈利性、促进主营业务的持续运行并向市场上的投资者传递利好消息。由此，在政府目标与公司经营目标的效益函数趋于一致时，地方政府有动机支持、引导绩效优的地方国有上市公司收购一部分原先未上市的优质国有资产，或借此机会让还未上市的国有企业集团整体上市，实现"强强联合"，进一步推动地方国有上市公司盈利能力、投融资能力、研发能力等的提高，还可能减少损害中小股东利益的关联交易，而地方政府也可以优良的地方国有上市公司为龙头，推动区域经济的增长，向上级政府交出一份亮眼的"政绩单"。

（2）向劣质上市公司注入优质资产

当辖区内的国有上市公司因经营不善，失去融资功能或者被ST将要退市时，政府通过向上市公司注入非上市的优质资产，从而使失去融资功能或者被ST的国有上市公司改善经营业绩，恢复再融资功能或保住上市的资格。这些经营不善的地方国有上市公司在政府的扶持下，不仅提高了自身的盈利能力和发展潜力，也能为当地经济的发展和社会的稳定带来更大贡献。无论是向优质还是劣质上市公司注入优质资产，政府的干预都发挥了"支持之手"的作用。

（3）向优质上市公司注入劣质资产

我国很多地方国有企业在剥离优质资产上市之后，还有一些非优质资产没有进入上市公司，从而给当地政府带来了沉重的负担。据统计，这些缺少流动性、利用率低、不能带来预期收益的不良资产在大部分国有企业所占比重都超过10%，有的高达20%以上，在一些特殊行业的企业，如钢铁企业，不良资产率可以达到50%（李艳和许鹭杰，2006）。要"盘活"这些盈利能力不佳的非上市资产，将其注入盈利性强、债务负担不重的绩优型地方国有上市公司是最快捷的方式，也是能减轻风险的一种选择。因此，为了转移劣质资产所带来的种种负担，创造新的政绩，地方政府往往会将一些经营不善、业绩较差的非上市资产通过定向增发新股等形式注入盈利性较好的国有上市公司，并帮助业绩较差的国有企业"甩包袱"和提高持续经营能力，从而实现政府的政治目标，但这种做法的负面效应之一是大规模的劣质资产被人为注入原本绩效优的国有上市公司，可能导致国有上市公司后续的业绩下滑。此时，政府的干预扮演的是"掠夺之手"的角色。

3.4.4 政府干预地方上市公司资产注入的经济后果

综合前文分析，本书认为，政府热衷于通过行政权力和手段干预辖区内企业的各项经济活动，一方面是为了在市场失灵或存在缺陷时，及时替代市场发挥一部分资源配置、调控经济运行、稳定交易秩序和企业行为的功能，矫正企业的负外部性行为，维护市场中各方的利益和社会公共福利；另一方面也是为了实现政府中特殊利益集团的政治目标和个人寻租目标等，由于政府本身不是市场经济的主体，却肩负着促进地区经济发展的重要目标，因而政府及官员通过干预辖区内企业的经济活动，借助企业的力量，能够将经济发展乃至税收增长、社会稳定等目标和政策性负担更好地转移并实现，从而为官员交出亮眼的"政绩单"，完成各项考核要求，并为官员未来的政治晋升铺平道路。在政府干预企业的过程中，既有"支持之手"，也有"掠夺之手"，"支持"的前提是政府和企业的利益目标函数能在某一个时点上达到一致，但由于政府和企业本来就是不同的性质定位，政府需要综合考虑的目标范围比企业大得多，这样的"利益一致"并不容易实现，即使实现了，可能也是短期的、基于特定情况的（如在地方经济增长和纳税中贡献主要力量的企业陷入财务困境或急需扩张业务、规模时，政府给予一定的债务减免、财政资金补助、税收优惠等支持）；从长期看，政府干预的终极目标很可能还是直接或变相地"掠夺"企业。在我国这样的转轨经济体，政府对企业的"掠夺之手"可能更加明显，而身兼地区管理者和实际控制人的双重身份，更为政府对国有企业的干预提供了得天独厚的便利条件。

作为股权分置改革后资本市场的典型现象之一，资产注入近年来在我国上市公司尤其是地方国有上市公司中始终方兴未艾、热度不减。本书在前面已经分析过，资产注入本身就是在特定的制度背景下兴起和发展的，而政府既有充分的动机，也有非常便利的条件来对其控制的地方国有上市公司资产注入活动进行干预，这些都使得我国政府对地方国有上市公司资产注入的干预，无论是手段、方式还是干预的时机，都"花样繁多"。但从总体上而言，政府对地方国有上市公司资产注入的干预也无非是基于"支持"或"掠夺"两类动机，而最易于实现相应动机的渠道就是向上市公司注入优质或劣质资产。理论上，政府干预既可以促成地方国有上市公司接纳一些来自大股东的、盈利性和流动性较强、与主业高度相关、能为公司及其股东带来丰厚收益的优质资产，也可以迫使一些经营状况较为良好的地方国有上市公司从大股东处收购盈利性和流动性较差、无法为公司创造高额价值和回报的劣质资产，通过行政力量主导下的"拉郎配"式资产注入来减轻这些不良资产给政府造成的沉重负担，在短期内迅速扩大公司规模，形成所谓的"政绩"表象，甚至成为某些官员为自己牟取私益的"暗渠"。政府干预下基于"支持之手"动机的优质资产注入，能够为地方国有上市公司及广大股东、投资者创造理想价值，也有利于资源整合后的协同效应和产业链一体化优势的充分发挥，形成效率最大化，对资产注入后公司未来的业务发展、绩效提高和股东财富增值等都能带来积极效果。而同样是在政府的干预和主导下，基于"掠夺之手"动机的劣质资产注入，则很可能拖累公司的主业发展，降低资产整体的流动性，损害公司的资产运营和使用效率，如果注入的劣质资产与公司主业关联度不高，还可能破坏原有产业链的完整性，从而对公司未来绩效的提高和股东价值的增加产生阻碍作用，尤其会损害中小股东的利益，对公司的长远发展弊大于利。那么，在我国地方国有上市公司资产注入活动中，政府干预总体上对公司未来绩效的影响究竟是"掠夺之手"占上风还是"支持之手"占上风？这也是本书第 5 章的实证研究要进一步验证和明确的问题。

3.5 本章小结

本章的重点是从理论层面分析政府干预如何影响地方国有企业的资产注入活动。在系统阐释本章的主要问题前，首先，对政府干预地方企业的制度背景做了简单分析，认为我国经济体制改革引发的各地市场化水平的差异是导致地方政府热衷于干预本地企业的深层诱因，而财政体制由高度集权转向分税制的改革直接引发了政府干预本地企业的强烈动机，建立在地方 GDP 增长率等硬指标基础上的官员考核机制则进一步强化了政府对企业的干预。其次，本章以市场失灵理论、垄断理论、外部性理论、政府"掠夺之手"与"支持之手"理论等作为政府干预企业的理论基础，并从动机、手段、类型、结果等方面综合分析了政府干预地方企业经济活动的内在机理，认为政府干预对企业的经营、投融资、并购等活动都会产生重要影响，对企业具有"支持之手"和"掠夺之手"两方面的作用后果。最后，本章专门探讨了政府干预在地方国有上市公司资产注入中的影响机理，主要从政府干预资产注入的动机、时机、类型、经济后果等方面进行深入阐述，从而为后文对政府干预与地方国有上市公司资产注入绩效间关系的实证研究奠定基础。

4 金字塔股权结构抑制政府干预地方上市公司资产注入的理论概述

金字塔股权结构是股权集中度高的国家的上市公司终极控制人所青睐的一种控股模式，它改变了终极控制人以往单一而直接的控制上市公司的方式，在两者间引入部分中间层公司，形成多重、复杂的持股关系。金字塔股权结构扩大了终极控制人所能控制的资源范围和数量，内部复杂的控制链条也为其更加隐蔽地"掏空"提供了优势。但是，金字塔股权结构还具有"支持"作用，其中之一就是它能帮助地方国有上市公司抑制来自结构顶端的地方政府的干预。本章首先对金字塔股权结构的概念、特征及其对上市公司有利和不利的方面做简要概述；其次结合相关的理论基础，分析金字塔结构在地方国有上市公司资产注入中是如何实现其抑制政府干预的功能的。通过以上理论分析，为第6章的实证研究做一个理论上的铺垫。

4.1 金字塔股权结构的概念及特征

4.1.1 金字塔股权结构的概念

La Porta 等（1999）认为，金字塔股权结构是一种类似金字塔形式的集中型股权结构，并给定了判断金字塔股权结构的标准：一是处于最下游的上市公司必须有一个终极控股股东；二是在最底层上市公司与其终极控股股东之间的控制链条上，至少存在一个上市公司，并且控制链条以20%或10%的投票权为基准；三是在金字塔股权结构的控制链条上，至少有两个层级的持股比例没有达到100%，即控制权和现金流权不一致。后来的研究在此基础上，对金字塔股权结构的判断标准进行了拓宽，将终极控股股东通过多层次、多链条控制上市公司的股权结构也视为金字塔股权结构。需要说明的是，无论是单链条的还是多链条的金字塔控股结构，其每个控制链条上的控制权方向都必须是单向的，而控制权为双向的股权结构则应归为交叉持股结构。

刘芍佳等（2003）在探讨我国的公司治理问题时，首次引入了终极产权论，认为按照La Porta等（1999）的标准，我国大部分上市公司的股权结构都不属于真正意义上的金字塔结构，因为在相当一部分上市公司中，终极控股股东的控制权和现金流权并未分离，而且位于最底层上市公司与终极控股股东间的控制链上的公司也不一定在资本市场实现了上市。此后，很多研究沿着刘芍佳等（2003）的思路，将控制权和现金流权没有发生分离的、多链条的股权结构都纳入金字塔股权结构的研究框架内，并尝试对金字塔股权结构进行界定。虽然我国学者对金字塔股权结构的表述不尽相同，但表达的含义并没有本质的区别。本书结合角雪岭（2007）、王蓓（2010）等的研究，根据以下标准判定上市公司的股权结构是否为金字塔股权结构：（1）必须有一个终极控股股东控制了最底层的上市公司；（2）至少有一个公司（上市或非上市公司）存在于终极控股股东与最底层的上市公司中间。根据此标准，只要存在控制链条（交叉持股的链条除外），并且最顶层和最底层公司之间有一个中间公司，此结构就是金字塔股权结构。

4.1.2　金字塔股权结构的特征

（1）终极控制人两权分离

金字塔股权结构最显著的特点是公司终极控制人的控制权超过了现金流权（所有权），并且发生了两权分离。现金流权与控制权的比值是常用于衡量两权分离的指标，这一比率越低，代表两权的分离程度越高。金字塔股权结构导致的两权分离，为终极控制人凭借控制权来实现自身利益最大化、侵害中小股东利益提供了便捷的渠道。

当终极控制人利用金字塔股权结构控制上市公司时，位于金字塔顶端的终极控制人只需投入较少的现金流，就可以获得对底部上市公司较大的控制权。终极控制人对底部上市公司的控制权，是通过控制链上每一家公司的直接控制性股东的所有权集中实现的，这使得终极控制人不仅能控制底部的上市公司，对整个控制链条上的其他公司也均可进行控制、施加影响。由此可见，终极控制人现金流权与控制权相分离的特点使得金字塔股权结构具有很强的权益杠杆效应，两权分离程度越高，则终极控制人（大股东）有效控制底部上市公司所需投入的实际现金流（股本比例）就越小，这样有助于增强大股东掠夺中小股东的动机。终极控制人为控制上市公司而构建的金字塔链条越多，就越有可能增强金字塔股权结构的权益杠杆效应，从而对中小股东利益和公司价值构成更为严重的侵害。

然而，在我国不同所有制的上市公司中，终极控制人两权分离所引发的权益杠杆效应不尽相同。孙晓琳（2010）发现，在我国民营上市公司的金字塔股权结构中，终极控制人的现金流权和控制权的分离程度往往较高，现金流权普遍低于30%，呈现现金流权比例低、层级多的特征，而且资金越紧张，构建的层级就越多，这样，民营上市公司终极控制人只需付出较少的现金投入，就可获得较高的控制权，而其通过正常渠道从底层上市公司获取合法收益的份额又较低，从而为终极控制人的"掏空"提供了动机和便利，较低的现金流权使其掏空成本降低，而较高的控制权使其攫取私益、侵害中小股东的能力增强；而在我国的国有上市公司，国企改革的政策导向要求国有上市公司的终极控制人必须拥有较高的现金流权，以保证政府对国有资产的所有权，因而我国国有上市公司终极控制人的现金流权和控制权分离度普遍不高，现金流权一般都高于50%，这样，金字塔结构反而能够在一定程度上缓解终极控制人对国有上市公司的"掏空"。

（2）关联交易

终极控制人通过金字塔股权结构进行花样繁多的关联交易，是金字塔股权结构的另一特点。La Porta 等（2000）、Johnson 等（2000）通过分析一些典型案例，发现金字塔股权结构使得大股东利用关联交易侵占中小股东利益成为了更加普遍的现象。Claessens 等（2002）发现，在金字塔股权结构中，大股东的现金流权和控制权的分离程度越高，则大股东越有动机和能力利用高控制权来实施关联交易，转移、变卖上市公司资源，并且大股东因为现金流权较低，而无惧转移公司财富后需要承担的风险和损失。杨保敏（2005）以企业组织方式演进为逻辑起点，提出金字塔股权结构引发的两权分离，为上市公司非公允性关联交易的产生与发展奠定了制度基础，上市公司大股东的现金流权（所有权）越分散、控制权越集中，大股东及其关联股东通过非公允性关联交易来转移公司财富的成本越低，从而助长了关联交易行为的发生。

（3）不同性质的终极控制人具有差异化动机和行为

上市公司终极控制人的性质不同，也导致终极控制人运用金字

塔股权结构的动机有所差异，并进一步引发了金字塔股权结构其他
重要特征的差别。根据 La Porta 等（1999）、Claessens 等（2000）、
Faccio 和 Lang（2002）的研究，在全球范围内，大部分家族企业集
团都具有极为相似的金字塔股权结构。然而，我国的情况却较为特
殊，一些研究发现，我国由私人或家族控股的民营企业集团的金字
塔结构与政府控股的国有企业集团的金字塔结构存在着显著的差异，
民营企业的金字塔结构通常是大股东侵害中小股东、"掏空"上市公
司的主要方式，但国有上市公司的金字塔结构却可能成为缓解大股
东"掏空"、抑制政府过度干预、保护公司产权和中小股东利益的重
要屏障（王力军，2006；刘运国和吴小云，2009；苏勇和张军，
2012；刘行和李小荣，2012）。

（4）垂直的多层级控制结构

金字塔股权结构是一种垂直型结构，它的纵向结构特征体现为
各条控制链上的中间层级数。层级是指位于金字塔顶端的终极控制
人与位于金字塔底端的上市公司之间的控制链条所包含的控股层次
数，也即每条控制链上终极控制人控制上市公司所需通过的中间层
公司个数，通常应满足数量大于等于 2 个的条件，它也是金字塔股
权结构的独有特征。可以说，金字塔股权结构之所以不同于单层持
股模式，正是因为金字塔层级的存在，它帮助大股东将所有权结构
向纵向逐渐延伸，并成为权力和利益的重要传导机制。通常情况下，
金字塔股权结构的层级越多，集团内的控制结构越复杂，就越有利
于提高终极控制人利益输送行为的隐蔽性（郎咸平等，2003）。但
是，在我国很多国有上市公司中，金字塔层级反而起到抑制实际控
制人——政府对上市公司干预和"掏空"的作用，这是因为金字塔
层级的增加使得控制链上的多层代理问题更加突出，产生较高的信
息传递成本和代理成本（孙铮和于旭辉，2007；夏冬林和朱松，

2008），而这些增加的成本有相当一部分必须由政府承担，政府在权衡干预的成本和收益之后可能选择进一步"放权"，降低对金字塔结构底部上市公司的干预和利益输送程度。关于这一点，本书接下来还将做详细论述。

4.2　金字塔股权结构的作用

4.2.1　强化控制权的杠杆效应

如前所述，金字塔股权结构必须满足以下条件：位于底层的上市公司存在一个控股股东（终极控制人），并且在该公司与终极控制人之间的控制链上至少存在一个并非由终极控制人完全控制的公司；终极控制人通过一个或多个不完全控制的中间层公司来控制上市公司（La Porta et al.，1999；Bebchuk，1999）。由于金字塔股权结构使得终极控制人的控制权和现金流权分离，一旦终极控制人对上市公司的控制权超过了其拥有的现金流权，那么终极控制人只需进行较小规模的投资，就可换来对较多资源的控制，获得较大的控制权私益，这也是大股东控制权强化后的杠杆效应的体现。

接下来，本书通过一个简单例子来更加具体、直观地说明终极控制人是如何通过金字塔股权结构获得控制权私利的。如图 4 - 1 所示，在最简单的单控制链条、单中间层公司的结构中，假设终极控制人通过 A 公司控制上市公司 B，终极控制人拥有 A 公司 83% 的股份，而 A 公司拥有 B 公司 52% 的股份，这样，终极控制人就拥有了 B 公司 43.16%（83% × 52%）的现金流权和 52% 的控制权，从而能够很牢固地控制 B 公司。如果终极控制人利用自己手中的控制权，从上市公司 B 中转移价值 100 的资源到自己控制的其他公司，因其只拥有 B 公司 43.16% 的现金流权，则转移价值 100 的资源所带来的相

应现金流损失为 43.16，但终极控制人最终仍然可获得 56.84（100 -
43.16）的控制权私利。

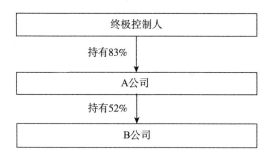

图 4 - 1　单一控制链的金字塔股权结构

4.2.2　现金流权与控制权的分离程度增大

在各种增强控制权的方法中，相对于交叉持股、二元股权等，
金字塔股权结构是企业集团的大股东最经常使用的方式（La Porta et
al.，1999）。在金字塔股权结构中，一个公司控制第二个公司，然
后第二个公司再控制其他的公司，以此类推。由于终极控制人对控
制链条上的中间层公司也有所有权，其能够轻易地通过中间层公司，
把底部的上市公司控制住，并扩大其掌控的资源和财产范围。这样，
终极控制人不但以较小的投入控制了较多的公司和资产，而且也较
大程度分离了现金流权（所有权）和控制权（投票权）。很多企业
集团的大股东或终极控制人就是通过这样的间接持股方式，最终实
现对集团内所有公司的控制。

下面举一个例子，来进一步说明金字塔股权结构是如何增大终
极控制人的两权分离程度的。图 4 - 2 是武汉中商（000785）2008
年的股权结构控制链，从图中可以看出，上市公司通过 3 层级、2 条
代理链的金字塔结构，为其终极控制人——武汉市国资委所控制。
终极控制人对上市公司的控制权为各个控制链条上最低的控制权比

例之和，即：45.81% + 30.02% = 75.83%。而终极控制人控制上市公司所需的现金流权则为控制链上所有控制权比例的乘积之和，即：100% × 69.98% × 45.81% + 100% × 30.02% × 45.81% = 45.81%。这样，终极控制人只需投入 45.81% 的现金流就可获得上市公司 75.83% 的控制权，两权比例相差 30.02 个百分点，偏离系数为 0.60 （45.81%/75.83%），实现了一定程度的两权分离。

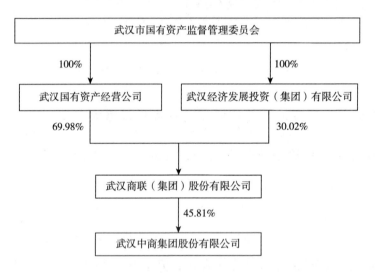

图 4 - 2　武汉中商（000785）2008 年的金字塔股权结构

4.2.3　导致大股东与小股东的代理问题——"隧道挖掘"

金字塔股权结构形成的复杂控制链体系，使得位于顶端的终极控制人能够比较牢固地控制多家公司，同时也增强了终极控制人行为的相对隐蔽性，使其行为更加难以被中小股东察觉，这些都为终极控制人攫取控制权私利、对上市公司实施"隧道挖掘"（也即"掏空"）行为、牺牲中小股东利益等提供了便利，并导致公司绩效受损。La Porta 等（1999，2002）发现，现代公司最主要的代理问题不是股东与管理层间的代理问题，而是大股东（终极控制人）与小股东或债权人间的代理问题。金字塔股权结构下的终极控制人两权分离程度越高，终极控制人就越有可能获得强大控制权，并利用控制权进行关联交易，转移、"挖空"公司资产和财富，向自身输送利益。终极控制人的控制权不断强化后，对个人利益的追逐，会使他们不再把公司产出和收益的增长放在第一位，而随着终极控制人"掏空"动机的发展，公司的优质资产逐渐流失，收入也被转移，这些都会削弱公司对生产要素的利用率，影响再投入、再生产的过程，最终造成公司绩效和价值严重受损。

4.2.4　形成内部资本市场

关于企业集团"内部资本市场"的概念，现有的多数描述都是从直观表象出发，并无明确、统一的定义，这主要是相较于股票市场、银行等外部资本市场而言，内部资本市场缺少直接的制度表现形式，因而国内外研究难以对其做出精准界定，只能根据不同情境下设定的模型进行大致上的定义。Alchian（1965）以通用公司为研究对象，对其内部资金运作与管理进行了深入研究，发现通用公司内部建立了一个高度有效的投资资金市场，这样的内部资本市场具有高度的竞争性和信息有效性，能够高效率地实现资金、人员、信息等各种资源的交换与分配，并为通用公司财富的快速增长奠定了坚实基础。Chandler（1987）在《看得见的手》一书中全面阐述了企业内部资本的重要性，认为企业内部资本市场所产生的资金是企业进行规模扩张、建立分支机构的必要保障，使企业能够不依靠发行股票、债券等外部渠道来筹措资金，而把主要的筹资来源转向内部留存的盈余。Myers 和 Majluf（1984）将内部资本市场定义为企业集团总部在内部各部门之间分配资金的一种机制。周业安和韩梅（2003）指出，拥有多个业务部门的企业通常会将各种投资机会产生的资金加以集中，按照投资机会的优劣进行排序，并以此为依据，重新分配内部资金，最终在企业内部建立起一个资本市场，为所有部门竞争各自所需的资金提供了一个有效载体，有利于提高内部投资效率，使企业整体利益最大化。冯丽霞（2006）认为内部资本市场是一种在"M"和"H"形组织结构的企业集团中广泛存在的资本交易模式，它是满足企业集团降低交易成本需要的产物，并且与外部资本市场的金融功能相似，因而在资本的聚集和配置、人员的激励与约束等方面能够较好地替代外部资本市场，甚至发挥更大的作用。从上述研究的定义可以看出，企业内部资本市场的产生与包含多部门的集团式企业的出现密切相关。当企业集团内部包含了足够多的部门，并且这些部门的功能较为全面、完善时，各部门、各项目对资金的需求不一定非要依靠发行股票、发行债券、银行借贷等外部融资方式，而只需通过内部各部门间的资金调配和融通来实现。为了争取充足资金，各部门间也会展开竞争，这与外部资本市场的竞争机制非常相似。可见，一旦企业集团内部形成了与外部资本市场功能类似的、具有资金流通和配置作用的机制，所谓的"内部资本市场"就产生了。

那么，金字塔股权结构为何有助于在企业集团内部形成资本市场呢？一方面，在具有金字塔结构的企业集团内部，存在一个集中的投资决策中心（母公司），它的一个主要功能是集中分配集团内的资金到各个子公司，而金字塔股权结构使得母公司（终极控制人）能够对集团内各个层级的子公司、孙公司等实施有效控制。在金字塔股权结构下，母公司可以有效控制子公司的资本和日常经营，也可以在子公司核心成员任免、重大决策制定等方面施加重要影响。同时，母公司可以结合整体的集团战略需要和子公司的业绩表现，对子公司的投资额做出适当增减，并成立财务公司，使财务公司以独立法人身份来灵活调配子公司间的资金，实现资本在企业集团内部的合理配置。这样，企业集团资金的分配、流动和运作都被终极控制人牢牢控制，一个完整的内部资本市场体系得以最终形成。另一方面，金字塔股权结构多存在于资本市场较不发达、企业融资渠道受限的国家和地区，很多企业难以从外部自由获取借贷资本，于是转而利用金字塔股权结构在权利控制及资源分配、转移上的优势，建立内部资本市场，以此替代不发达的外部资本市场。然而，也有学者指出了金字塔股权结构下内部资本市场的弊端。Servaes（2000）认为，如果公司处于投资者保护环境恶劣的国家，大股东更容易抓住外部资本市场信息不畅、法律监管不严等漏洞，将金字塔股权结构作为侵害中小股东、进行利益输送的重要渠道，以满足自身对控制权私益的索取。当大股东利用金字塔股权结构实施利益侵占时，企业集团内部资本市场的功能发生异化，反而成为大股东转移公司资源的有利途径，也降低了公司治理效率。

4.2.5 为大股东"支持"提供便利

任何理性经济人的行为动机都不可能只有一面，在金字塔股权结构中，终极控制人（大股东）也不总是"掏空"上市公司、无限攫取公司利益的，在某些特定情境下，如上市公司陷入财务困境时，他们也会对上市公司提供一定的"支持"，尽管这种"支持"更可能是为了以后更好地"掏空"（Johnson et al.，2000；李增泉等，2005）。此外，终极控制人位于金字塔股权结构的顶端，既能够通过控制链对底层的上市公司进行有效控制，也能够通过构建一系列错综复杂的控制链条来获得相应的现金流收益，因而集团内各公司的要素若能获得高效转化，并取得更大产出，对终极控制人现金流收益的增长也是非常有利的。基于自身长期收益的考虑，终极控制人会通过金字塔股权结构所形成的内部资本市场对底层上市公司提供必要支持，同时通过终极控制权构建完善的公司治理架构，这样在客观上也提升了底层上市公司的经营效率。可见，终极控制人的"支持"行为有更广的外延，除了当上市公司陷入困境时，终极控制人会利用金字塔结构对公司施以援手外，为了获得更多共享收益，终极控制人也有动机通过金字塔结构对公司提供支持，这样同样可以实现其利益最大化的目标，并且在客观上改善了公司的生产要素转化能力，促进了公司产出的增加，提高了公司治理效率，对公司绩效提升非常有益，这也是金字塔股权结构为大股东"支持"行为提供便利的具体表现。

4.3 金字塔股权结构的理论基础

4.3.1 企业所有权与控制权分离理论

任何权力都有其特定的来源，在公司内部，控制权是一种内生权力，它是出资者对其所有权部分让渡后的结果，所有权是控制权形成的基础（梁洪学，2008）。在现代公司中，出资者把自己的私有财产投入公司，成为公司股东，也就相应地放弃了对所投入的财产的所有权，原先的出资者私有财产变为公司法人财产，而出资者换来的是对公司股票的所有权。由此，出资者的财产所有权被重新分解为两部分，一部分是其作为股东所拥有的股票所有权；另一部分是由公司拥有的公司法人财产权。根据公司法的规定，出资者不能直接对公司财产施加影响，但可以通过股东大会来行使投票权，从而间接作用于公司财产，并实现控制权与所有权的分离，也为金字塔股权结构的产生奠定了现实基础。

Berle 和 Means（1932）认为，在现代公司制度下，股东的控制权与所有权实现了相当程度的分离，控制权成为一个独立要素，他们将公司的控制形态分为五类：几乎完全所有权控制、多数所有权控制、通过法律手段而非多数所有权的控制、少数所有权控制和经理人控制。这样的分类方式，较好地呈现了不同所有权分布状态下的控制形态特征，为所有权与控制权分离理论打下了初步的框架基础（角雪岭，2007）。

Barca 和 Becht（2001）对所有权与控制权的演化路径进行了探讨，认为控制权不一定是通过直接控制而实现，也有可能是间接的控制关系。朱羿锟（2003）进一步指出，所有权与控制权之间存在非对称性关系，并以表决权作为控制权的替代，提出了以下四种所有权与控制权的组合模式：（1）所有权分散，表决权分散；（2）所有权分散，表决权集中；（3）所有权集中，表决权分散；（4）所有权集中，表决权集中。其中，模式（1）对应了 Berle 和 Means（1932）所描述的分散型所有权结构下的经理人控制模式，而模式（4）对应的是集中型所有权结构下的大股东控制模式。

4.3.2　内部资本市场理论

在现实世界里，由于资金的供需双方存在信息不对称，资金的需求方对融资项目的相关信息掌握得更为充分，而与之相对应的资金提供方对项目的了解较为缺乏，这可能导致资金需求方的逆向选择行为，并造成企业的融资约束。例如：在股权融资市场上，资金需求方可能会牺牲投资者的利益，以换取股东利益最大化，在投资者高估公司价值时发行股票（Myers and Majluf，1984）。理性的投资者会对资金需求方的逆向选择行为做出一个合理的预期和估计，认为公司发行股票融资可能是其价值被高估的一个信号，不愿轻易把资金投向公司，而如果公司认为自己的项目是合理的，可能也不愿意冒着被投资者误解的风险去发行股票融资，以免承担相应成本。在债券融资市场，同样存在因信息不对称而产生的逆向选择风险，主要是因为在市场利率一定的前提下，有违约风险的资金需求方往往更愿意通过发行债券来筹资，而债权人在无法对资金需求方的逆向选择行为和道德风险做出准确判断和评估时，可能持规避风险的态度，不愿借债给企业。

正是由于外部融资是在信息不对称环境下进行，容易产生融资约束，使企业难以达到最佳的融资水平，为了解决融资难问题，很多企业便转而建立内部金字塔股权结构，利用金字塔股权结构形成的内部资本市场来筹措资金。关于企业融资渠道和方式问题，Myers和Majluf（1984）在Jensen和Meckling（1976）、Ross（1977）等的研究基础上，提出了融资优序理论（也称"啄食理论"）。融资优序理论认为，企业首先以内部资金满足投资项目的需要，只有在内部资金不足时，才会考虑向外部资本市场融资；而在向外部资本市场融资时，企业一般先考虑债务融资，其次考虑股权融资。简而言之，如果企业内部存在一个有效的资本市场，那么企业通常在融资时会优先选择借助内部资本市场来获取所需资金，这样有利于减少对外部资本市场融资的依赖程度。Almeida和Wolfenzon（2006）在此基础上发展了金字塔股权结构的融资优势模型，发现金字塔股权结构具有非常显著的融资优势，他们假设法律对投资者保护有限，并且集团内的公司是分批成立的，此时终极控制人可以将其已经控制的公司的全部收益拿来满足新成立的公司的融资需求，而不必担心理性的外部投资者会因担心新公司未来的盈利能力而不敢把资金投入进来，外部融资约束越大，金字塔内部资本市场的优势就越凸显；融资优势模型还发现，若新公司开始盈利，并且终极控制人为得到控制权私益而将公司内部资源转移的成本为正时，终极控制人会尽量提高在新公司的所有权集中度，从而形成最优的产权结构安排。张学勇（2007）进一步证实，金字塔股权结构使得终极控制人更加便利地在集团内部配置资源，有利于弥补外部要素市场的不完善，更加放大企业集团的内部融资优势。

4.3.3 "掏空"与"支持"理论

随着企业所有权与经营权的分离，产生了代理问题，再往后发展，出现了金字塔结构，使得企业的最终控制者能够付出较少的现金来获得较大的控制权，这时，若是大股东与小股东之间的利益发生了冲突，大股东就很有可能利用自身的资本优势来侵占中小股东利益以保证自身利益得以实现，这对中小股东是不公平的。中小投资者的利益被上市公司或者控制上市公司的大股东通过种种正当以及非法的手段予以侵蚀，这一类行为称为"掏空"（Tunneling）行为，即大股东通过种种操作方式来攫取公司利润、挖走中小股东的财富，损害中小股东的利益。"掏空"行为有很多种实现方式，如大股东虚假出资、配股或者增发新股掠夺中小股东财富、大股东通过内部交易转移公司资源等。传统的公司治理理论主要关注管理层与公司外部股东之间的关系和冲突，自20世纪90年代中期开始，学者们开始关注大股东与中小股东之间的关系和矛盾，发现大股东有侵占中小股东利益的情况，由此而衍生出了"掏空"理论。与传统公司治理理论显著不同的是，"掏空"理论强调的是大股东利用其独有的控制权侵占中小股东利益的问题，当这一现象被发现之后，引起了大家对中小股东利益保护的关注。在交叉持股和金字塔结构的控股模式下，所有权与经营权相分离为大股东的"掏空"、利益侵占行为提供了可能，当公司经营状况良好时，大股东和中小股东的利益可能还比较趋于一致，但是当公司经营状况不佳时，大股东可能为了自身利益转移资金甚至隐瞒公司情况。这时，作为弱势一方的中小股东的利益可能就在无形之中被剥夺，甚至被大股东所安排的假象欺骗。金字塔结构的存在，使得大股东的"掏空"变得更加隐秘。Reese 和 Weisbach（2002）指出，当大股东通过金字塔结构的控股方式分离所有权与控制权、法律不能有效保护中小股东权益的时候，大股东的侵占行为就会更加严重。可见，大股东"掏空"行为是普遍存在的，而且会随着外界环境的变化而变化，当外界环境为其造成较大的侵占成本时，其掏空行为就会有所收敛，但是如果侵占成本较小或者比较容易时，对公司和中小股东利益的"掏空"就会有所加重。

当然，大股东的行为也是具有两面性的，与"掏空"相对应的是"支持"（Propping）行为。Friedman 等（2000）认为，大股东并不总是"掏空"上市公司，他们也有"支持"上市公司的时候，特别是当上市公司陷入财务困境时，大股东也会使用自有资金，通过金字塔结构提供的资源转移渠道对上市公司进行反向利益输送，以帮助底层的上市公司尽快摆脱财务困境。李增泉等（2005）以上市公司并购活动为例，对大股东的"支持"和"掏空"行为进行了考察，发现当公司具有配股或避亏动机时，大股东引导下的并购活动能够在短期内显著提升公司价值，对公司产生"支持"效应；而当公司不需要配股或者不存在亏损情况时，大股东会利用并购活动来转移公司资产，最终损害公司价值，这对公司来讲是一种"掏空"。Riyanto 和 Toolsema（2008）对比了金字塔股权结构和平行股权结构下的大股东行为，发现平行结构使得大股东较难转移公司资源，阻碍了大股东"掏空"公司的动机，而金字塔股权结构则正好相反，为大股东"掏空"效应的强化提供了一定便利，因而理性投资者会更倾向于投资平行股权结构下的上市公司；然而，如果上市公司陷入严重危机，此时金字塔股权结构可以帮助终极控制人更迅速地调配集团内部其他公司的资源，为上市公司"输血"，从而实现对上市公司的"支持"效应，而平行股权结构就不能充分实现这一功能，因而理性投资者反而愿意以更高价格投资于金字塔股权结构下的上市公司，但这一假定需要以较好的投资者保护环境作为前提。刘平洋等（2014）将内部金字塔结构与外部市场化机制结合起来，对两者在上市公司陷入财务困境时所起的作用进行了研究，发现金字塔股权结构在上市公司面临财务困境的风险时，能够对风险进行有效治理，并且链条越长，"支持"效应越明显，但链条数量对"支持"效应的发挥并未产生显著影响；另外，上市公司内部的金字塔股权结构与外部的市场化机制能够形成显著的互补效应，当两者都较为完善时，对公司财务困境风险的治理作用更加突出。

4.4 地方国有上市公司资产注入中金字塔股权结构抑制政府干预的理论分析

4.4.1 金字塔股权结构削弱了地方政府对地方国有上市公司的直接干预

国外研究表明，在市场发育不成熟、投资者的法律保护环境不完善的情况下，金字塔股权结构还能在一定程度上充当法律的替代机制，保护企业和股东免受政府、工会等外部力量的过度干预和侵害，保护企业价值和股东权益（Roe，2003；Fan et al.，2005；Peng and Jiang，2006）。我国地方国有上市公司金字塔股权结构的形成，除了面临转轨经济国家普遍具有的不完善的市场环境外，从一开始还与国家"政企分开"的国企改革总指导思想密切相关，它是政府出于发展市场经济需要而放松对国有企业控制的经济动机以及国家基于国企改革策略而放松对部分非垄断行业国有企业控制的政治动机综合作用下的产物（钟海燕，2014）。尽管国企改革的终极目标尚未完全实现，在很多地区，政府凭借行政管理者与地方国有上市公司终极控制人双重身份的便利，对地方国有上市公司经济活动的过度干预仍屡见不鲜，但金字塔股权结构却能在一定程度上有效抑制地方国有上市公司所面临的政府的直接干预。由于在金字塔结构下，地方国有企业集团的很多中间层公司既是委托人，又是代理人，形成了复杂多样的委托—代理链条，与政府直接持股的单一控股模式相比，金字塔股权结构迫使位于顶端的地方国资委等政府"代言人"，在干预底部上市公司时必须考虑中间层的利益，同时面临更多的干扰和更加严重的代理问题，由此而增加的代理成本、监督成本等也有相当一部分需要政府承担。当这些成本高于政府期望通过对地方国有上市公司的干预而取得的各种收益时，政府最理性的选择就是相应地减少干预，金字塔股权结构抑制政府干预的效果也就得到了充分发挥。

4.4.2　金字塔股权结构抑制了地方政府向地方国有上市公司注入劣质资产的行为

我国分税制改革后实行的财政分权体制，虽然彻底改变了中央与地方政府的财政收入格局，却未对中央与地方政府的财政支出责任做出根本性调整，各地方政府普遍面临沉重的财政压力及由此形成的各种政策性负担（尹希果等，2006）。同时，政府官员也又迫切需要获取个人政治利益和在政治晋升的竞争中胜出（周黎安，2004；潘洪波等，2008）。大规模的企业并购重组能够在较短期间内"消灭"亏损企业，盘活不良资产，扩充企业规模，快速实现地方政府及官员的治理目标，而地方国有企业的实际控制人正是地方政府，更能为政府的干预行为提供便利。因此，在股权分置改革后，地方政府借助国家大力倡导资产注入和重组的东风，纷纷将一些盈利性差的、劣质的非上市资产注入其控股的地方国有上市公司中，但大量劣质资产的注入不仅不能为上市公司贡献利润，还会拖公司绩效的"后腿"，拉低公司的资产收益率并导致股票市场对公司股价的低估，从长远来看，对地方国有上市公司并无益处。若地方国有上市公司构建了金字塔股权结构，并且金字塔中间层级的公司数量较多，那么处于顶端的国资委（政府）与底层的上市公司间就形成了复杂多样的委托—代理链条，政府在制定和实施与上市公司相关的经济决策时，也必然将这些中间层的权益纳入考虑范畴。若政府强行注入劣质资产或与公司主业不相关的资产，中间层的公司和自然人势必因担心自身利益受损而加以干扰，使得政府需承担的代理成本增加，干预难度变大，从而削弱其向地方国有上市公司注入不良资产的动机，减轻利益输送等行为的程度。

4.4.3　金字塔股权结构降低了地方国有上市公司资产注入前后的大股东盈余管理程度

不少研究都已证实，无论是国有还是民营上市公司，上市公司在定向增发、资产注入前后通过盈余管理来调整公司业绩，影响发行价格，从而使大股东获取更多私益，实现对大股东的利益输送等都是普遍存在的现象（Hertzel et al.，2002；Chou et al.，2006；郑琦，2009；章卫东，2010），并且倾向于在定向增发资产注入前进行负向盈余管理，资产注入完成后则进行正向盈余管理（颜淑姬，2013）。在资产注入前后的盈余管理行为，实质上是通过营造"公司业绩因为资产注入而得到提高"的假象来满足向大股东、终极控制人输送利益的需要，损害的是市场上其他中小投资者的利益。然而，对于建立了金字塔股权结构的国有上市公司而言，情况有所不同。我国国有上市公司构建金字塔股权结构的初衷是在不动摇国有股控股地位的前提下，给予上市公司更多的自主经营管理权，国有上市公司的终极控制人必须拥有较高的现金流权以保持政府的绝对控股地位，其现金流权和控制权分离程度也被限制。而较高的现金流权比例能够有效约束终极控制人对公司的利益侵占，显著提高会计稳健性，降低上市公司的盈余管理程度（王妍玲，2010；汤颖梅等，2011；梁利辉等，2014）。股权分置改革后，限售股在资本市场的全面流通，促使大股东与公司利益更加趋于一致，进一步增大了拥有高现金流权的终极控制人通过盈余管理侵占公司和中小股东利益的成本。因此，本书认为，对于股改后实施了资产注入的地方国有上市公司而言，金字塔股权结构的存在能有效降低国有大股东在资产注入前后的盈余管理程度，进而对其通过资产注入来"掠夺"上市公司的动机形成一定制约。

4.4.4 金字塔股权结构缓解了政府干预对地方国有上市公司资产注入绩效的"掠夺"效应

自金字塔股权结构随着现代公司制度而诞生、发展以来，关于它的争议及由此催生的研究就未曾停止。关于金字塔股权结构对公司价值的影响，目前总体而言有"掏空"和"支持"两种观点。基于大股东"掏空"理论的观点认为，金字塔股权结构构建的多重代理链体系，使得大股东或终极控制人只需付出很少的现金流权，就可对位于金字塔底部的上市公司乃至整个企业集团的资源形成牢固的控制权，本质上是一种控制权的强化机制，而且大股东与上市公司间的控制链条上往往遍布多个公司，这样复杂的控制链结构有利于进一步隐藏大股东的"掏空"和利益输送行为，对大股东通过各种手段和渠道来变相攫取公司价值、损害中小股东利益可能提供了不少便利。而基于大股东"支持"理论的观点则认为，金字塔股权结构有利于在企业集团内部形成一个功能完善、资金分配效率高的资本市场，而通过这样一个内部资本市场，大股东和终极控制人能够在上市公司陷入困境时及时向公司提供充分支持，并且金字塔股权结构形成的复杂持股关系和代理链使得大股东在一定程度上受制于代理链上不同性质和规模的各个公司，其中包含的多重代理问题客观上也能对大股东的"掏空"行为起到一定的制约作用，使得大股东必须对"掏空"和"支持"的成本、收益等做更为全面的权衡。此外，还有观点认为，在受政府控制的国有企业，金字塔股权结构是一种分散政府权力的工具，它将更多的决策权下放到企业，在政府和国有企业之间形成一个"隔离带"，加入不同所有权性质的中间层公司，这些公司不同的经营目标使得政府作为终极控制人所面临的代理问题更加严重，增加了集团内部的信息传递成本、监督成本等代理成本，而政府毕竟不像民营企业的大股东或终极控制人一样，是相对纯粹的经济人，政府的利益目标不仅仅是在经济方面，官员必须谨慎权衡干预国有企业的成本和由此产生的收益，必要时可能相应减少干预。这样，金字塔股权结构在很多时候还能起到防御政府干预负面影响的作用。

综上所述，本书认为，从理论上分析，正因为金字塔股权结构复杂的内部结构特征能有效抑制政府干预，当地方国有上市公司进行资产注入活动时，金字塔股权结构内部的层级和代理链多，就意味着身为实际控制人的地方政府要面临更多来自链条上各中间层公司的干预，这些公司在资产注入中的利益也是政府必须加以考虑的。若政府不考虑中间层公司的利益目标，直接强行注入劣质资产，当中间层公司数量较多时，政府这样的行为很可能会遭到中间层公司的反对，使得政府需要承担的代理成本增加，干预难度变大，最终获得的收益甚至还不能补偿所需付出的各种成本。由此，多层级、多链条数的金字塔股权结构就能对地方国有上市公司资产注入中的政府干预"掠夺之手"形成一定的制约，从而缓解公司绩效所面临的"掏空"问题，对公司价值和中小股东权益都能形成一道强有力的防护屏障。那么，在我国地方国有上市公司资产注入活动中，金字塔股权结构抑制政府干预、保护公司绩效免受政府掠夺的"支持"一面是否显著发挥了作用呢？本书将通过第 6 章的实证研究对此问题进行进一步检验。

4.5　本章小结

本章的重点是从理论层面分析金字塔股权结构作为一种公司的内部机制，如何影响政府干预与地方国有上市公司资产注入绩效间的关系。首先，本章对金字塔股权结构的概念、特征、作用等进行了简要界定和梳理。接下来，本章结合企业所有权与控制权分离理论、内部资本市场理论、"掏空"与"支持"理论等与金字塔股权结构相关的理论，剖析了地方国有上市公司资产注入活动中金字塔股权结构抑制政府干预的机理，认为金字塔股权结构复杂的内部特征能够有效抑制处于顶端的政府对底部国有上市公司的直接干预，减弱政府向地方国有上市公司注入劣质资产的行为动机，还能降低地方国有上市公司大股东在资产注入前后进行盈余管理的程度，最终在一定程度上缓解资产注入过程中政府等实际控制人"掠夺"地方国有上市公司、损害公司绩效的程度，实现防御政府干预的功能。本章的理论分析为后文对政府干预、金字塔股权结构与资产注入绩效间关系的实证研究提供了逻辑基础。

5 政府干预对地方国有上市公司资产注入绩效影响的实证研究

在我国这样的新兴转轨经济体，市场机制和法律保护环境的不完善促使政府干预在经济运行中作为一种不可或缺的补充机制，发挥出强大影响力，甚至超越市场这只"看不见的手"，直接对企业这一微观的经济主体各方面的活动施加作用，把政府和官员的目标转移给企业，使得企业不得不同时兼顾自身的经营目标和政府干预目标，有时被迫以牺牲经营效率为代价，这便是过度干预的不利结果。我国的地方国有上市公司与政府间与生俱来的"亲密关系"，为政府干预目标的下移和实现打造了更为便利的平台。本章要探讨的主要问题是在如火如荼的资产注入热潮背后，政府干预在其中扮演了什么角色，地方国有上市公司资产注入后的公司绩效又是否取得了理想的结果。按照上述思路，本章提出，政府干预在地方国有上市公司资产注入中可能"掠夺"效应更加强烈，并以我国2006—2011年间实施资产注入的上市公司为样本，分别从产权性质、地区政府干预程度、市场经济发展程度三个方面对政府干预与资产注入绩效的关系做了实证检验。

5.1 问题的提出

股权分置改革彻底改写了我国资本市场上国有股、法人股等不能自由流通的历史，使资本交易进入了崭新的"全流通"时代，无论上市公司大股东所持有的股份是否为国有属性，皆可在股票市场自由交易、流通，这也促使大股东更加关心其能从股份中获得的收益，并有积极动力去将这些收益最大化。大股东若将持有的闲置资产注入控股的上市公司中，并以这些资产作为对价，从上市公司获取更多的股份，不但实现了资源的重新整合、配置和再利用，而且一旦投资者认为公司发生资产注入是一个利好消息，市场的积极反应带动公司股价上涨，那么大股东也能借助这股"东风"，获得所持有的公司股份的超额收益。由此，股权分置改革完成后，在我国的国有和民营上市公司中都出现了轰轰烈烈的资产注入热潮，许多上市公司的大股东一改过去一味等待所持股份增值的"被动"状态，积极主动地与上市公司进行资产和股份的置换，推动了资源的流动和整合，促进了上市公司规模的扩大和产业链的完善。然而，由于大股东与中小股东的代理问题始终存在，加上我国目前还是一个新兴的转轨经济体国家，政府监管、法律保护、市场自我调节等都还处于亟待完善的状态，大股东依仗高控股比例并利用制度和法律的"空子"来侵害中小股东利益、攫取超额控制权私益的现象难以遏制。已有研究证实，大股东的资产注入行为本质上是一次大股东与上市公司间大规模的关联交易，大股东热衷于通过向上市公司注入劣质资产、虚增注入资产价值等手段，实现侵占公司及中小股东利益的动机（Baek et al.，2006；朱红军等，2008；张祥建和郭岚，2008；杨靖等，2010），这样大股东既能以更低的成本换取公司股份，提高个人收益，又能将所持有的一些不良资产或盈利性较差的资产迅速"脱手"，减轻自身负担。

转轨经济环境下，政府管制和权力资本化引发的寻租行为及显性或隐性的政治腐败往往成为破坏市场秩序、干扰经济正常运行的重要因素，而我国几千年的历史所形成的极具特色的政治、文化思维，使得处于经济转轨期的我国政府依然保留着强势的治理特征，在经济资源配置、市场运行等经济领域也扮演了重要的"干预之手"角色。在我国，各级政府除了要履行区域行政管理的职能外，还肩负着经济宏观调控和监管、税收增长、社会维稳、民众就业等多项经济和社会管理职能，这些繁杂的职能使得我国政府普遍面临沉重的政策性负担和公共治理压力。要较好地实现各种职能目标，仅靠政府一己之力远远不够，还必须有其他主体加入，帮助政府分担一部分压力和负担。上市公司正是政府转移经济和社会职能目标的一个绝佳选择，也成为政府干预经济的重要对象之一。已有研究认为，政府干预对上市公司而言，是一把"双刃剑"：一方面，上市公司作为一个相对独立的经营主体，其最重要的经营目标是要实现自身价值和股东财富的最大化，但政府干预可能会使上市公司过多地承担与自身经营目标相背离的一些职能，导致经营目标"走偏"，损害公司长远利益（夏立军和方轶强，2005；Fan et al.，2007）；但另一方面，政府干预在某些特定时期和场合也能对上市公司产生一定的"保护""支持"效应，因为上市公司在其经营、决策受到政府各种干预的同时，也与政府及其官员建立了一种密切关系，当公司发展面临困境，或者需要争取一些有限资源的时候，与政府的特殊关系往往能够帮助上市公司更方便地获取优惠补贴、银行贷款、政策扶持、专项资金投入等（孙铮等，2005；余明桂和潘红波，2008）。徐浩萍和吕长江（2007）更进一步指出，政府干预对上市公司的正向和负向效应在我国都存在，并且这两种效应表现得孰强孰弱、程度如何，与上市公司的所有权性质是有很大关系的。相较于私人控股的民营上市公司和受国务院国资委直接监督管理的央企国有上市公司，地方政府对地方国有上市公司更有一种特殊的"感情"。在不少地区，地方政府不仅是地方国有上市公司所在地的行政管理部门，也是地方国有上市公司的大股东或实际控制人，或者通俗、形象地说，二者之间不仅仅是普遍意义上的"管与被管"的关系，更是"父母与孩子"的直接"血缘"关系。正因如此，政府干预在地方国有上市公司中的"支持"或"掠夺"效应往往都表现得更为强烈和明显。

尽管企业的所有制改革在我国进行多年，20世纪90年代以来，不少民营上市公司也如雨后春笋般蓬勃发展、壮大，但时至今日，不可否认的是，政府控股的国有上市公司依然是我国上市公司队伍里最为庞大的一支"主力军"，其中又以地方国有上市公司为主要组成部分。在股权分置改革后的资产注入热潮中，地方国有上市公司的参与随处可见，而要对地方国有上市公司的资产注入事件做更为深入的探究，就离不开对其所处的政治环境及背后的地方政府行为的考察，因为地方政府身为地方国有上市公司的终极控制人，完全能够对其资产注入的决策和具体操作产生重大影响。本章试图探讨的几个问题是：在我国特殊的政体和制度背景下，政府干预是否是影响地方国有上市公司资产注入活动的重要因素之一？在资产注入事件里，政府干预对地方国有上市公司更多是表现为"支持"还是"掠夺"？相对于民营上市公司，地方国有上市公司资产注入后的绩效如何？一个地区的政府干预程度和市场经济发展程度又将对地区内的地方国有上市公司资产注入后的公司绩效产生何种影响？

5.2　理论分析与研究假设

5.2.1　产权性质对资产注入绩效的影响

在我国这样的处于经济转轨时期的国家，完善、健全的市场经济体系尚未得到最终建立，市场仍处于欠发达状态，加之我国各地区间的经济发展存在较大的不平衡，需要政府从总体上进行协调，这些都决定了我国经济转型的显著特征之一是政府主导作用明显，其中一个较为突出的表现就是政府的干预会深刻影响企业的日常经营和决策。尽管政府对企业的干预能起到一定的支持作用（Keynes，1936；Gulick，1962），但是，很多研究认为，政府干预对于企业而言更多时候是一种"掠夺之手"，会降低企业的业绩和价值（Shleifer and Vishny，1994，1998；Boycko et al.，1996；Shirley and Walsh，2000；Fan et al.，2007；徐晓东和陈小悦，2003；周开国和李涛，2006；陈信元和黄俊，2007；张功富，2011；苏坤，2012）。究其原因，主要是政府干预的目标与企业经营的目标存在不一致（刘星和吴雪姣，2011）。企业经营的主要目标是实现自身价值和股东利益的最大化，同时兼顾、协调好必要的社会责任，但政府干预的目标是多重的，既要考虑经济的发展、资源的优化配置，又要提高财政税收、促进就业、保证社会稳定和谐，履行公共治理的职能（林毅夫和李志赟，2004；刘培林，2005；谭劲松等，2009），这就使得政府在对企业行使干预时，不能把干预目标与企业经营目标完全等同起来，必要时甚至要为诸多社会和公共治理目标的实现而牺牲企业的经营目标。

在我国，一些集团公司内部的小企业面临严重的财务困难，甚至无法持续经营下去，由此可能引发的失业、社会不稳定等不利于公共治理目标实现的因素是身为地方管理者的政府必须要想方设法解决的。与此同时，对于政府目标的实际执行者——政府官员而言，除了利用政府权力追求社会公共治理目标的实现外，他们还有自身的政治目标和诉求（Shleifer and Vishny，1998）。关于这一点，周黎安（2004）结合我国的国情和政府机制，做了较为深入的阐述，他指出，自 20 世纪 80 年代初以来，我国政府官员，尤其是广大地方官员的提拔标准已由过去的纯政治指标转为以经济绩效指标为主，"唯地区 GDP 增长为上"的观念在很多地方的官员考核和晋升机制中已得到普遍认同和贯彻，官员们既要为地方经济的发展和税收增长而竞争，更要为个人仕途的"一帆风顺"而竞争。在这种博弈的过程中，政府官员不仅要计算经济收益，更要计算政治收益（潘红波等，2008），在政治利益的驱动下，官员在行使政府干预的权力时，为了更迅速地为个人晋升铺平道路而罔顾企业经营效率的现象层出不穷，重复建设、饥渴式扩张、"一窝蜂"上项目等问题比比皆是（周黎安，2004，2007；张军和高远，2007；孙犇和宋艳伟，2012；王凤荣和高飞，2012）。

正因为我国政府及官员肩负着经济、政治、社会等多重治理目标，同时又面临个人政治利益的获取和晋升前途的竞争，加之相对于政府未直接控制的民营企业而言，国有企业的所有权由政府代替国家和全体人民行使，政府能够更方便地将各种目标转移到国有企业中（Shleifer and Vishny，1998；Lin et al.，1998），政府自然而然地将更多的"干预之手"伸向了国有企业，把国有企业作为转移政策性负担、快速获取政治收益的首选载体和工具。而政府推动下的并购通常是能较快实现政府上述干预目标的一种主要手段（潘红波等，2008；王凤荣等，2011）。资产注入从某种意义上而言，正是股权分置改革后发展起来的一种并购形式，政府将其控制的一些未上市的、相对盈利性更差的资产注入地方国有上市公司中，运用行政干预的手段迫使地方国有上市公司接纳这些资产，一方面，能使这些非绩优的资产得到"盘活"，缓解了集团母公司或其下属企业因不良资产长期得不到合理利用而引发的困境，在一定程度上帮助政府减轻了政策性负担；另一方面，又能在短时间内扩大地方国有上市公司规模，实现做大的目标，还可能迅速提升某个行业或部门的个别业绩指标，从而令政府官员的晋升之路更为顺畅。此外，相较于民营企业的控股股东，政府控制下的未上市的不良资产规模往往更大（章卫东等，2012），政府对民营上市公司资产注入等并购活动的干预成本也更高（方军雄，2008），这些都使得政府及官员更倾向于干预地方国有上市公司的资产注入，这样能够更迅速地转移负担、实现政绩目标和个人私益目标。

然而，从长期上看，政府干预之下的资产注入，更像是一种急于求成的"拉郎配"式资源整合，会导致一些劣质资产或非相关资产进入地方国有上市公司，尽管对于政府和某些经营效率低下的公司而言，这样的资产注入可以令它们快速摆脱不良资产的困扰，实现自身的利益目标，但对于接纳这些资产的地方国有上市公司而言，却是弊远大于利。基于"甩包袱"目的而注入进来的资产，不仅不能为地方国有上市公司贡献利润，还会影响到上市公司的主业发展，加重其经营负担。由此可见，相对于民营上市公司而言，政府控制下的地方国有上市公司，因为其资产注入活动更易受到来自政府的推动和干预，其面临的基于"掏空"目的的利益输送也很可能会更为严重，最终导致资产注入后公司绩效变差。基于以上分析，提出本章的假设5.1。

假设5.1：相对于民营上市公司的资产注入，地方国有上市公司资产注入后的绩效更差。

5.2.2 政府干预程度对资产注入绩效的影响

地方国有上市公司的实际控制人就是代表政府利益的地方国资委或地方国有企业集团等，因而其经济活动受来自政府的"看得见的手"的影响更为显著。如前所述，在政府干预的作用下，地方国有上市公司资产注入的实质往往是政府基于实现自身政治目标、解决政策性负担等而进行的"拉郎配"式资源整合，并未充分考虑注入的资产与地方国有上市公司主业的相关性以及资产本身的盈利性、流动性等因素，最大考量仅仅是能不能尽快甩掉"包袱"和凸显政绩，甚至还隐藏着官员个人的寻租动机，这使得资产注入很可能成为地方国有上市公司向政府及官员输送利益的渠道之一，从而对资产注入后的公司绩效造成损害。由于我国各地区的市场化程度、地方性法规完善程度和政府治理水平等存在差异，因而不同地区的政府对辖区内上市公司的干预程度也不尽相同（马忠和刘宇，2010；王凤荣等，2012；陈旭东等，2014）。地方国有上市公司所在地的政府干预越严重，政府通过干预公司资产注入来"掠夺"公司价值并向自身输送利益的程度也会越大，从而使得资产注入后的公司绩效越差。基于以上分析，提出本章的假设5.2。

假设5.2：政府干预程度越强，地方国有上市公司资产注入后的绩效越差。

5.2.3 市场经济发展程度对资产注入绩效的影响

我国是一个新兴的经济转型国家，从计划经济向市场经济的改革持续多年，已取得不小成效。然而，由于资源禀赋、地理位置及国家政策的差异，我国各地区的市场化程度仍存在较大的差异，不同地区的市场经济发展表现出较为明显的不平衡性。在市场经济发展程度较高的地区，地区整体经济表现较好，政府的干预程度及其公共治理目标、官员利益目标等的转移相对减少，而市场推动下的良性竞争程度增强（夏立军和方轶强，2005；周中胜，2007；唐雪松等，2010；张晓波和陈海声，2013；陈旭东等，2014），市场信息能更准确地反映政府强力干预下的各种低效、无效并购，市场优胜劣汰机制的威胁也能促使企业管理者更多地把重心放在自身经营业绩的提高上，这些在一定程度上能够抑制政府干预所导致的"拉郎配"式并购行为。此外，伴随着市场经济发展程度的提高，地区的法治水平、监管体系、中介组织等也更健全、完善，公司治理机制得以更好地发挥作用（周建等，2009；赵卿，2013），良好的法律监管机制和执行效率能够对利益侵害、权力寻租等行为起到较大的约束。由此可以推知，当地方国有上市公司所在地区市场经济发展程度较高、市场化进程较快时，政府干预程度会相应下降，较高的法治水平也能对政府官员的行为起到有效的制约，从而政府干预借助资产注入对公司的"掠夺"效应有所缓解；反之，若地区市场经济发展程度较低，表明该地区政府干预程度相应增加，使得地方国有上市公司资产注入后的绩效下降。基于以上分析，提出本章的假设5.3。

假设5.3：市场经济发展程度越低，地方国有上市公司资产注入后的绩效越差。

5.3 实证研究设计

5.3.1 样本选取和数据来源

本章选取 2006—2011 年[1]我国沪、深两市成功实施了资产注

---

[1] 选择这一期间的原因是本书需要考察资产注入实施后第一年、第二年的公司绩效，而 2014 年末的相关财务指标在笔者完成写作时，尚不能在数据库中获得，因而只能将样本期间截至 2011 年，第 6 章的实证检验亦然。

入①的地方国有上市公司作为初选样本，并按以下标准对样本执行进一步的筛选程序：（1）剔除财务数据不全或资料缺失的上市公司；（2）剔除财务指标明显有误或不符合常理的上市公司；（3）剔除金融业的上市公司，因其经营特点、业务模式等与其他行业存在较大差异；（4）剔除当年上市的公司，因为这些公司刚完成上市，经营绩效、各种财务指标等与已在资本市场上市多年的公司相比，可能差异较大。由此，共得到 357 个研究样本量。另外，由于假设 5.1 涉及地方国有上市公司与民营上市公司的对比，本章还按以上筛选步骤选取了 2006—2011 年我国发生资产注入事件的民营上市公司样本，最终得到 160 个研究样本量。

本章所使用的大部分数据来自国泰安（CSMAR）和万德（WIND）数据库，政府干预程度和市场经济发展程度变量的数据则来自樊纲等（2011）编制的《中国市场化指数——各地区市场化相对进程 2011 年报告》。

5.3.2 模型构建和变量定义

为检验假设 5.1，本书建立待检验的回归模型：

$$F_t = \alpha_0 + \alpha_1 State + \alpha_2 Inject + \alpha_3 Size + \alpha_4 Share + \alpha_5 Growth + \alpha_6 Lev$$
$$+ \alpha_7 Pay + \alpha_8 Age + \alpha_9 Year + \alpha_{10} Industry + \varepsilon \qquad (5.1)$$

为检验假设 5.2，本书建立待检验的回归模型：

---

① 关于资产注入，虽然目前尚缺乏权威的学术定义，但根据国内相关研究的普遍观点，资产注入常发生于上市公司与其大股东（控股股东）及其关联股东之间，一般是由上市公司大股东及其关联股东将持有的资产出售给上市公司，上市公司则以一定数额的现金或股份作为对价支付给大股东，资产注入实际上是包含于资产重组范畴内的一种关联交易形式。数据库中的上市公司并购重组样本并无专门的"资产注入"分类，因此本书以在研究期间内发生"资产收购"、"资产剥离"，且交易资产来源于控股股东的上市公司作为资产注入的初选样本。

$$F_t = \alpha_0 + \alpha_1 Gov + \alpha_2 Inject + \alpha_3 Size + \alpha_4 Share + \alpha_5 Growth + \alpha_6 Lev$$
$$+ \alpha_7 Pay + \alpha_8 Age + \alpha_9 Year + \alpha_{10} Industry + \varepsilon \qquad (5.2)$$

为检验假设 5.3，本书建立待检验的回归模型：

$$F_t = \alpha_0 + \alpha_1 Market + \alpha_2 Inject + \alpha_3 Size + \alpha_4 Share + \alpha_5 Growth + \alpha_6 Lev$$
$$+ \alpha_7 Pay + \alpha_8 Age + \alpha_9 Year + \alpha_{10} Industry + \varepsilon \qquad (5.3)$$

下面对回归模型中各变量的具体定义进行说明。

（1）被解释变量

F_t：综合绩效得分。考虑到仅仅用单一的会计指标难以综合反映公司的绩效，本书采用综合绩效得分来反映资产注入后的公司绩效。本书以财政部发布的国有企业绩效评价指标体系（1999）为依据，并参考以往研究（冯根福和吴林江，2001；韩立岩和陈庆勇，2007；颜淑姬，2012；杨道广等，2014），从盈利能力指标、偿债能力指标、营运能力指标、增长能力指标四个层面出发，选择了 10 个在各自层面具有一定代表性的指标，作为计算上市公司资产注入后综合绩效得分的基础数据（具体指标类型和名称见表 5–1）。然后，利用因子分析法，对资产注入后各年分别提取出 4 个公共因子，根据各因子得分和方差贡献率，得到资产注入后第一年、第二年综合绩效得分的计算公式。为了消除因子信息解释度差异的影响（颜淑姬，2012），对每年的因子加权综合得分之和均除以当年的总方差贡献率，从而得到最终的资产注入综合绩效值。

表 5–1 综合绩效的评价指标

指标类型	指标名称
盈利能力	净资产收益率
	总资产收益率
	资产报酬率
	营业毛利率

指标类型	指标名称
偿债能力	资产负债率
	现金比率
营运能力	总资产周转率
	流动资产周转率
增长能力	营业收入增长率
	托宾 Q 值

（2）解释变量

本章的解释变量是政府干预。为了从多个角度综合反映上市公司的政府干预情况，本书参考以往研究，选取产权性质（State）（刘芍佳等，2003；方军雄，2008；刘星和安灵，2010；徐虹，2013；王成方等，2013）、政府干预程度（Gov）（辛清泉等，2007；潘红波等，2008；黄兴孪和沈维涛，2009；刘星和吴雪姣，2011；李彬和苏坤，2013）、市场经济发展程度（Market）（马忠和刘宇，2010；陈凌云等，2011；王传彬等，2013；赵静和郝颖，2014）三个指标来度量政府干预这一变量。

State：产权性质。若上市公司的实际控制人为地方国资委、地方国有企业集团或其他具有政府性质和背景的部门、单位等，则取值为1，否则为0。

Gov：政府干预程度。近年来，樊纲等人编制的中国各地区市场化进程数据中关于地区政府干预水平的指标，已成为相关研究中普遍采用的政府干预的替代变量。鉴于本书除假设5.1外，其他假设研究的对象仅限于地方国有控股这一种上市公司所有制类型，同时又要充分体现不同地区样本公司的政府干预程度差异，因此，本书沿袭以往研究的普遍做法，采用最新的《中国市场化指数》（樊纲等，2011）中"减少政府对企业的干预"这一指标，对样本的政府干预程度进行赋值。①"减少政府对企业的干预"指数的值越大，则表明对应地区的政府干预程度越低，反之亦然。

市场经济发展程度（Market）：采用樊纲等（2011）编制的《中国市场化指数》中的"市场化总指数"指标来度量上市公司所在地区的市场经济发展程度。市场化总指数可以较为全面地反映一个地区的市场化水平，指数越高，则地区市场化程度也越高，而市场化程度又是侧面反映该地区政府干预水平的一面"镜子"。市场化水平高的地区，其制度环境就健全完善，意味着政府对企业的干预相对较轻，企业权益能够得到较为有效的保护。

（3）控制变量

参考前人的相关研究（Jensen and Meckling，1976；Wiersema and Bantel，1992；姜付秀等，2009；季华等，2010；杨道广等，2014），本书还设置了若干控制变量，以控制资产注入的交易规模和方式、公司基本特征、年度和行业差异等其他因素对资产注入后公司绩效的影响。

注入资产规模（Inject）：为注入资产金额与资产注入前一年年末总资产的比值。大股东向上市公司注入的资产规模会直接影响上市公司资产注入后的绩效，若注入资产以盈利性强、与主业关联度高、具有较强流动性的优质资产为主，则很可能对上市公司绩效产生改善、促进的作用，但若注入的资产多为不良资产，则上市公司的绩效反而会被"拖累"，无法形成较好的资源整合效应。

公司规模（Size）：为资产注入前一年年末公司总资产的自然对

---

① 由于樊纲等（2011）的最新数据仅截至2009年，本书参考余明桂等（2010）的做法，对2010和2011年的指数值，均使用2008年、2009年两年的指数均值来代替。后文的"市场化总指数"指标亦同。

数。公司规模大小会影响公司接纳新注入资产的能力，因而也是影响公司资产注入绩效的一个主要变量。

股权集中度（Share）：采用资产注入前一年年末公司第一大股东的持股比例来衡量。股权集中度反映了大股东对公司的控制权比例和控制强度，通常大股东持股比例高的公司，大股东"掏空"公司价值的动机可能强烈。

公司成长性（Growth）：用资产注入前一年年末公司的主营业务收入增长率来表示。主营业务收入增长率是判断公司成长性的重要指标之一，主营业务收入增长率高，表明公司产品具有较高的市场需求和业务扩张的空间，是公司绩效提高的信号之一。

负债水平（Lev）：用资产注入前一年年末公司的资产负债率来衡量，即总负债与总资产之比。资产负债率反映了公司的资本结构，公司绩效会随公司资本结构在一定区间内的变化而变化，合理的负债水平可能对公司绩效产生积极作用，但若负债过高，就有可能在未来出现偿债风险，降低公司绩效。

支付方式（Pay）：为上市公司用以支付大股东注入资产的对价。若上市公司采用向大股东定向增发新股的方式来换取注入的资产，则取值为1，否则为0。

上市年限（Age）：为截至资产注入发生当年的公司上市年限，取相应值的对数表示。刚上市的公司在业务经营、融资能力、规模、投资者追随度等方面可能都弱于已经上市较长时间的公司，因而公司的上市时长也可能对资产注入绩效产生一定影响。

此外，本书还设置了年度变量（Year）和行业变量（Industry），以控制年度和行业因素对被解释变量的影响。ε为随机扰动项。各变量的定义、符号和计算方法的汇总如表5-2所示。

表 5 - 2　变量定义及描述

变量名称	变量符号	变量描述
综合绩效得分	F_t	运用因子分析法得出的资产注入后第 t 年的公司综合绩效，t = 1，2
产权性质	State	若为地方国有上市公司，则取值为 1，否则为 0
政府干预程度	Gov	地方国有上市公司所在地区的"减少政府对企业的干预"指数
市场经济发展程度	Market	地方国有上市公司所在地区的"市场化总指数"
注入资产规模	Inject	注入资产金额与资产注入前一年的公司总资产之比
公司规模	Size	资产注入前一年公司总资产的自然对数
股权集中度	Share	资产注入前一年公司第一大股东持股比例
公司成长性	Growth	资产注入前一年公司主营业务收入的增长率
负债水平	Lev	资产注入前一年公司的总负债与总资产之比
支付方式	Pay	若资产注入通过定向增发完成对价支付，则为 1；若通过其他方式，则为 0
上市年限	Age	资产注入当年公司已上市年限的自然对数
年度变量	Year	控制年度差异
行业变量	Industry	控制行业差异

5.4　实证分析与结果描述

5.4.1　描述性统计

在消除极端值的影响后，本书对样本中各变量的值做了描述性统计。表 5 - 3 是对 2006—2011 年我国实施资产注入的 517 个地方国有上市公司和民营上市公司全样本所做的描述性统计结果。其中，F_1、F_2 均为全样本条件下计算出的资产注入后的综合绩效值，可以看到，资产注入后两年内，地方国有上市公司和民营上市公司的综合绩效均值整体呈现下降趋势。产权性质（State）变量的均值为0.69，也即发生资产注入的样本公司有69%为地方国有上市公司，这说明地方国有上市公司的大股东比民营上市公司的大股东更热衷于对上市公司实施资产注入，地方国有上市公司资产注入热潮的背后，很可能有地方政府的意志和行政干预手段的影响。此外，全样本中，"减少政府对企业的干预"（Gov）指标的最大值出现在2007年的广东，高达12.67（其Market指标值为10.1），最小值则出现在2009年的西藏，为负值（其Market指标值为0.38），均值约为6.91；"市场化总指数"（Market）的最大值出现在2009年的浙江，为11.8（其Gov指标值为9.32），最小值则同样出现在2009年的西藏，仅为0.38，均值约为8.37。两项政府干预指标均呈现较大的离散程度。

为了对实施资产注入的地方国有上市公司和民营上市公司样本做一个更加清晰的对比，表5-4和表5-5分别列示了这两种不同所有权性质的上市公司的变量描述性统计情况。从中可以看出，无论是在资产注入后第一年还是第二年，民营上市公司的综合绩效从均值上看都要高于地方国有上市公司。其他控制变量中，注入资产规模（Inject）的对比显示，地方国有上市公司注入资产金额占总资产的比重平均为13.79%，略低于民营上市公司，说明地方国有上市公司虽然发生资产注入的频率要高于民营上市公司，但两者注入资产的规模从总体上看并无明显差异。不过，无论是地方国有上市公司还是民营上市公司，注入资产规模都具有较高的标准差，有些公司的大股东向公司注入的资产规模甚至高于资产注入前公司的总资产，但也有公司的大股东向公司注入的资产金额非常小，占公司总资产的比重几乎可以忽略不计。股权集中度（Share）方面，地方国有上市公司样本的第一大股东持股比例平均为43.52%，比民营上市公司样本高出约10%，在地方国有上市公司中，作为政府"代言人"的大股东对上市公司较高的持股比例，可能使其更容易做出有利于地方政府目标实现的资产注入决策。从成长性（Growth）上看，地方国有上市公司资产注入前一年的主营业务收入增长率平均为30.93%，远低于民营上市公司，这可能也是导致大股东热衷于向地方国有上市公司注入资产的诱因之一，希望注入一些与主业相关的资产，对主营业务收入的进一步增长提供一定帮助。从负债水平（Lev）上看，地方国有上市公司资产注入前一年的资产负债率平均为54.09%，低于民营上市公司，这说明民营上市公司可能比地方国有上市公司更偏好高负债型的资本结构。

表 5 - 3　地方国有上市公司和民营上市公司全样本的变量描述性统计

变量	样本数	平均值	中位数	最大值	最小值	标准差
F_1	517	0.0706	- 0.0151	4.2496	- 3.3704	0.7354
F_2	517	0.0385	- 0.0297	5.8531	- 1.0506	0.4513
State	517	0.69	1	1	0	0.4630
Gov	517	6.9136	7.02	12.67	- 12.95	3.2371
Market	517	8.3696	8.42	11.8	0.38	1.9667
Inject	517	0.1416	0.0266	4.4260	0.00003	0.4401
Size	517	21.6312	21.6228	24.9937	14.4797	1.2518
Share	517	0.4042	0.4037	0.9500	0.0806	0.1577
Growth	517	0.3515	0.1092	24.8271	- 8.1780	1.8601
Lev	517	0.5546	0.5529	2.1898	0.0178	0.2369
Pay	517	0.11	0	1	0	0.3110
Age	517	2.6258	2.6391	2.9957	1.6094	0.1981

表 5 – 4　地方国有上市公司样本的变量描述性统计

变量	样本数	平均值	中位数	最大值	最小值	标准差
F_1	357	0.0105	– 0.0647	3.9643	– 1.7640	0.5373
F_2	357	0.0305	0.0088	1.7915	– 2.5837	0.2822
Inject	357	0.1379	0.0291	3.7361	0.00003	0.3965
Size	357	21.8045	21.8015	24.6188	19.5472	1.0955
Share	357	0.4352	0.4490	0.9500	0.1115	0.1536
Growth	357	0.3093	0.1376	10.2140	– 3.5133	1.2181
Lev	357	0.5409	0.5433	1.9393	0.0436	0.2125
Pay	357	0.09	0	1	0	0.2830
Age	357	2.6144	2.6391	2.9957	1.6094	0.1961

表 5 – 5　民营上市公司样本的变量描述性统计

变量	样本数	平均值	中位数	最大值	最小值	标准差
F_1	160	0.0574	0.0175	4.3634	– 2.0260	0.6134
F_2	160	0.0708	– 0.0864	3.9967	– 0.3572	0.5360
Inject	160	0.1522	0.0235	4.4260	0.0001	0.5322
Size	160	21.2784	21.2525	24.9937	14.4797	1.4796
Share	160	0.3349	0.3174	0.7172	0.0806	0.1447
Growth	160	0.5654	0.0385	24.8271	– 7.0745	2.6434
Lev	160	0.6561	0.5821	2.8222	0.0178	0.4541
Pay	160	0.16	0	1	0	0.3640
Age	160	2.6558	2.7081	2.9957	2.1972	0.1965

5.4.2　多元回归分析

（1）产权性质与资产注入绩效

本书在对相关变量进行控制后，利用模型 5.1 对上市公司产权性质与大股东注入资产后的公司绩效间的关系进行了检验。表 5 – 6

是对 517 个上市公司（含地方国有和民营上市公司）样本量做回归分析后的结果。如表 5 - 6 所示，产权性质（State）与资产注入后第一年、第二年的公司综合绩效（F_1）的回归系数均为负，且分别在 10%、1% 的水平上通过显著性检验，同时，方程通过了 F 检验，也具有较好的拟合性。回归结果表明，从总体上看，我国地方国有上市公司资产注入后的绩效表现普遍低于民营上市公司，从而证实了本章提出的假设 5.1，也初步验证了地方国有上市公司资产注入中存在政府"掠夺之手"。

表 5 - 6　产权性质与资产注入绩效的回归结果

变量符号	F_1	F_2
Cons	- 1.370** (- 2.239)	- 1.299* (- 1.403)
State	- 0.192*** (- 3.739)	- 0.143* (- 1.826)
Inject	- 0.010 (- 0.161)	0.003 (0.077)
Size	- 0.001 (- 0.056)	0.023 (0.702)
Share	0.064 (0.439)	0.064 (0.288)
Growth	0.001 (0.468)	0.001 (0.160)
Lev	- 0.017 (- 0.242)	0.003 (0.362)
Pay	0.019 (0.268)	0.072 (0.657)
Age	0.253* (1.954)	0.060 (0.303)
Year	控制	控制

续表

变量符号	F_1	F_2
Industry	控制	控制
N	517	517
F	3.943***	1.866***
Adjusted – R^2	0.170	0.054

注：***、**、*分别表示在1%、5%、10%水平上统计显著，括号中的数字为 t 检验值。

（2）政府干预程度与资产注入绩效

本书在对相关变量进行控制的基础上，对地方国有上市公司所在地的政府干预程度与大股东注入资产后的公司绩效间的关系进行了检验。表5-7是对357个地方国有上市公司样本量采用模型5.2做回归分析后的结果。如表5-7所示，"减少政府对企业的干预"（Gov）与资产注入后第一年、第二年的公司综合绩效（F_t）的回归系数分别为0.019、0.016，且分别在10%、1%的水平上通过显著性检验，同时，方程通过了 F 检验，整体的拟合度也较好。这一结果表明，随着政府对企业干预程度的降低，地方国有上市公司资产注入后的综合绩效得到改善。由此可得出，政府对所辖区域企业的干预程度越高，地方国有上市公司受到强烈的政府干预影响，资产注入后的综合绩效也会越差，从而证实了本章提出的假设5.2。

表5-7 政府干预程度与资产注入绩效的回归结果

变量符号	F_1	F_2
Cons	-1.575* (-1.806)	-0.517 (-1.541)
Gov	0.019* (1.663)	0.016*** (3.706)

变量符号	F_1	F_2
Inject	-0.064 (-0.859)	-0.027 (-0.941)
Size	0.002 (0.067)	-0.001 (-0.073)
Share	-0.012 (-0.012)	0.001 (0.688)
Growth	-0.007 (-0.294)	0.002 (0.203)
Lev	-0.093 (-0.673)	0.066 (1.235)
Pay	-0.077 (-0.719)	-0.002 (-0.054)
Age	0.397** (2.270)	0.093 (1.375)
Year	控制	控制
Industry	控制	控制
N	357	357
F	2.564***	4.696***
Adjusted - R^2	0.124	0.251

注：***、**、*分别表示在1%、5%、10%水平上统计显著，括号中的数字为t检验值。

（3）市场经济发展程度与资产注入绩效

为了从侧面进一步验证政府干预与地方国有上市公司资产注入绩效的关系，本书在控制了一些影响资产注入绩效的变量后，对地方国有上市公司所在地的市场经济发展程度与大股东注入资产后的公司绩效间的关系做了实证检验。表5-8是对模型5.3做回归分析后的结果，涉及357个样本量。从回归结果可以看到，"市场化总指数"与资产注入后第一年、第二年的综合绩效（F_1）的回归系数分别为 0.051、0.031，且分别在 10%、5% 的水平上通过显著性检验，并且回归方程同样通过了 F 检验，拟合度也较好。这说明，当地方国有上市公司位于市场化程度较高的地区时，市场经济的健康有序发展能够促使市场在资源配置中的决定性作用得到更好发挥，使企业作为市场主体的权益和自主性得到更多有力保障，政府干预在此时仅作为市场运行出现问题时的一种调控机制，而不容易凌驾于市场机制之上并对企业产生过度干预。因此，地区市场经济发展程度越高，相应的政府干预程度越弱，更能使资产注入真正发挥优势资源的整合、互补效应，从而提高资产注入后地方国有上市公司的绩效。相反地，当市场经济发展程度处于较低水平时，政府干预的"掠夺之手"效应就会相应增强，导致地方国有上市公司资产注入后的绩效变差。由此，假设 5.3 得到证明。

表 5 - 8　市场经济发展程度与资产注入绩效的回归结果

变量符号	F_1	F_2
Cons	-2.799* (-1.788)	-0.659 (-1.037)
Market	0.051* (1.627)	0.031** (2.435)
Inject	-0.092 (-0.667)	-0.058 (-1.023)
Size	-0.004 (-0.065)	-0.007 (-0.291)
Share	-0.185 (-0.519)	-0.078 (-0.541)
Growth	0.028 (0.700)	0.031* (1.960)
Lev	-0.294 (-1.184)	0.154 (1.510)

变量符号	F_1	F_2
Pay	−0.328* (−1.700)	0.070 (0.895)
Age	0.701** (2.617)	0.033 (0.253)
Year	控制	控制
Industry	控制	控制
N	357	357
F	2.074***	3.255***
Adjusted − R^2	0.093	0.178

注：***、**、*分别表示在1%、5%、10%水平上统计显著，括号中的数字为 t 检验值。

5.4.3 稳健性检验

为了佐证本章的研究结论，进一步提高结论的解释力，本章还进行了相应的稳健性检验。

（1）使用单一的绩效指标作为资产注入后公司绩效的代理指标。本书分别选取代表会计利润的总资产收益率（ROA）和代表市场价值的托宾 Q 值（Tobin - Q）作为被解释变量，依次代入本章的三个回归模型中，以验证政府干预和资产注入绩效间的关系。具体的稳健性检验结果如表 5 - 9 和表 5 - 10 所示，从中可以看出，政府干预的三个替代变量对公司绩效的影响依然呈现显著的"掠夺"效应，表明政府干预在地方国有上市公司资产注入时的确是一种"掠夺之手"，使得资产注入后公司绩效变差，不利于公司未来发展。

表 5 – 9　政府干预与资产注入绩效的稳健性检验结果（一）

变量符号	模型 5.1		模型 5.2		模型 5.3	
	ROA_1	ROA_2	ROA_1	ROA_2	ROA_1	ROA_2
Cons	0.020 (0.337)	0.056 (1.085)	-0.145 (-0.584)	0.049 (0.520)	-0.136 (-0.543)	0.048 (0.514)
State	-0.009* (-1.772)	-0.007* (-1.558)				
Gov			0.010*** (3.074)	0.003** (2.148)		
Market					0.014*** (2.733)	0.004** (2.181)
Inject	-0.001 (-0.019)	0.015 (0.204)	-0.008 (-0.369)	0.003 (0.435)	-0.009 (-0.422)	0.003 (0.411)
Size	-0.002 (-0.733)	-0.002 (-1.038)	-0.007 (-0.747)	-0.001 (-0.274)	-0.010 (-1.060)	-0.002 (-0.475)
Share	0.044*** (3.122)	0.020* (1.611)	0.001* (1.881)	0.005 (0.257)	0.001* (1.808)	0.004 (0.197)
Growth	-0.002 (-0.047)	-0.001* (-1.909)	-0.003 (-0.454)	-0.002 (-0.857)	-0.005 (-0.658)	-0.002 (-0.966)
Lev	0.001 (0.490)	-0.002 (-0.259)	-0.072* (-1.848)	-0.048*** (-3.200)	-0.077* (-1.927)	-0.047*** (-3.138)
Pay	-0.006 (-0.814)	-0.002 (-0.271)	-0.035 (-1.162)	0.004 (0.371)	-0.028 (-0.941)	0.006 (0.513)
Age	0.014 (1.107)	0.007 (0.612)	0.101** (2.046)	-0.001 (-0.065)	0.107** (2.137)	-0.001 (-0.072)
Year	控制	控制	控制	控制	控制	控制
Industry	控制	控制	控制	控制	控制	控制
N	517	517	357	357	357	357
F	1.339*	1.220*	2.213***	1.925***	2.191***	1.930***
Adjusted – R^2	0.023	0.016	0.098	0.079	0.098	0.080

注：***、**、*分别表示在1%、5%、10%水平上统计显著，括号中的数字为t检验值。

表 5 - 10 政府干预与资产注入绩效的稳健性检验结果（二）

变量符号	模型 5.1		模型 5.2		模型 5.3	
	Q₁	Q₂	Q₁	Q₂	Q₁	Q₂
Cons	5.590 *** (6.662)	6.813 *** (6.883)	7.258 *** (6.991)	8.046 *** (6.882)	6.999 *** (6.562)	8.115 *** (7.050)
State	-0.100 * (-1.417)	-0.118 * (-1.407)				
Gov			0.028 ** (2.156)	0.020 * (1.329)		
Market					0.049 * (1.499)	0.026 * (0.745)
Inject	0.001 (0.423)	0.004 (0.596)	-0.073 (-0.933)	-0.089 (-0.922)	-0.069 (-0.877)	-0.112 (-1.171)
Size	-0.177 *** (-5.999)	-0.236 *** (-6.668)	-0.202 *** (-5.659)	-0.306 *** (-7.226)	-0.200 *** (-5.574)	-0.303 *** (-7.443)
Share	-0.314 * (-1.546)	0.114 (0.467)	-0.003 (-1.048)	0.008 *** (2.944)	-0.002 (-1.023)	0.006 ** (2.468)
Growth	0.002 (0.821)	0.004 (1.208)	-0.059 * (-1.891)	-0.048 (-1.380)	-0.062 ** (-1.980)	-0.044 (-1.432)
Lev	-0.024 *** (-3.156)	-0.032 ** (-2.505)	-0.694 *** (-4.188)	-0.570 *** (-2.634)	-0.697 *** (-4.171)	-0.752 *** (-4.165)
Pay	-0.229 ** (-2.306)	-0.447 *** (-3.781)	-0.007 (-0.065)	-0.295 ** (-2.062)	0.004 (0.032)	-0.330 ** (-2.417)
Age	0.058 (0.322)	-0.034 (-0.157)	-0.431 ** (-2.050)	0.049 (0.212)	-0.411 * (-1.949)	0.022 (0.098)
Year	控制	控制	控制	控制	控制	控制
Industry	控制	控制	控制	控制	控制	控制
N	517	517	357	357	357	357
F	6.888 ***	7.322 ***	7.804 ***	7.537 ***	7.649 ***	8.638 ***
Adjusted - R²	0.282	0.299	0.428	0.384	0.422	0.410

注：***、**、* 分别表示在1%、5%、10%水平上统计显著，括号中的数字为 t 检验值。

（2）用其他表示政府与市场关系的指标作为政府干预的替代变量。本书分别选取"中国市场化指数"中的"缩小政府规模"（Gov）与"市场分配经济资源比重"（Market）两项指标来反映上市公司所在地的政府干预情况，两项指数越高，代表地区的政府干预程度越低，市场在资源配置中的决定性作用越能得到充分发挥，反之亦然。表 5 - 11 的稳健性检验结果显示，代入模型 5.2、模型 5.3 后，这两项指标与地方国有上市公司资产注入后公司综合绩效间的系数均显著为正，再次证明政府干预的减少有利于资产注入绩效的提高，而政府干预的增加则"掏空"了公司绩效，不利于资产注入根本目标的实现。

表 5 - 11　政府干预与资产注入绩效的稳健性检验结果（三）

变量符号	模型 5.2		模型 5.3	
	F_1	F_2	F_1	F_2
Cons	-1.672* (-1.924)	-0.729* (-1.702)	-1.441* (-1.665)	-0.591* (-1.381)
Gov	0.024* (1.803)	0.015** (2.307)		
Market			0.029** (2.034)	0.014** (1.986)
Inject	-0.053 (-0.719)	-0.024 (-0.667)	-0.066 (-0.902)	-0.029 (-0.805)
Size	0.011 (0.359)	0.018 (1.198)	-0.001 (-0.016)	0.014 (0.876)
Share	0.002 (0.044)	0.001 (0.148)	-0.001 (-0.004)	0.001 (0.090)
Growth	-0.005 (-0.206)	-0.001 (-0.061)	-0.007 (-0.301)	-0.001 (-0.117)
Lev	-0.120 (-0.870)	-0.018 (-0.264)	-0.109 (-0.799)	-0.026 (-0.384)

续表

变量符号	模型 5.2		模型 5.3	
	F_1	F_2	F_1	F_2
Pay	-0.066 (-0.624)	0.048 (0.925)	-0.051 (-0.481)	0.059 (1.142)
Age	0.381** (2.200)	0.057 (0.663)	0.367** (2.114)	0.043 (0.505)
Year	控制	控制	控制	控制
Industry	控制	控制	控制	控制
N	357	357	357	357
F	2.649***	3.843***	2.680***	3.784***
Adjusted - R^2	0.129	0.204	0.131	0.201

注：***、**、*分别表示在1%、5%、10%水平上统计显著，括号中的数字为t检验值。

经过执行上述稳健性测试程序，本章相应的假设依然得到验证，可见本章的研究结论是稳健的。

5.5 本章小结

本章以2006—2011年我国实施了资产注入的上市公司为研究样本，以通过因子分析法计算出的资产注入后第一年、第二年的公司综合绩效值作为资产注入绩效的衡量指标，以产权性质、政府干预程度、市场经济发展程度三个变量作为政府干预的替代变量，首先对比了地方国有上市公司与民营上市公司的资产注入绩效，然后以地方国有上市公司为研究对象，分别对政府干预程度和市场经济发展程度与资产注入绩效间的关系做了实证检验。本章的研究结果表明：（1）从产权性质来看，地方国有上市公司资产注入之后的绩效比民营上市公司要差；（2）从上市公司所在地的政府干预程度来看，政府干预程度越强,地方国有上市公司资产注入之后的绩效越差;(3)从上市公司所在地的市场经济发展程度来看,市场经济发展程度越低,地方国有上市公司资产注入之后的绩效越差。从本章结论中可以看到,在地方国有上市公司资产注入活动中,政府借助公司实际控制人这一身份上的便利,对注入资产的类型、金额及相应的进度安排等实施干预,将一系列政府及官员的利益目标置于公司经营目标之上,可能导致一些劣质资产进入上市公司,影响公司未来的业务发展和绩效提升,对公司而言是一种变相"掏空",从而进一步证明了政府干预"掠夺之手"一面的存在及其对地方国有上市公司所产生的显著影响。

6 金字塔股权结构抑制政府干预对地方国有上市公司资产注入绩效影响的实证研究

借助国有企业改革的东风,金字塔股权结构在我国的国有企业集团得到了广泛推广和运用,并被认为是能有效抑制政府等外部力量对国有企业干预的一种内部机制。第 5 章已经证明了政府干预在地方国有上市公司资产注入中的"掠夺之手",本章则从地方国有上市公司内部股权结构安排出发,研究金字塔股权结构是否在地方国有上市公司资产注入过程中也能起到一定的防御政府干预的作用,以及金字塔内部纵向层级和横向代理链条数这两个变量在其中所发挥的功能。沿着以上思路,本章提出金字塔股权结构能显著缓解政府干预对地方国有上市公司资产注入绩效的"掠夺"效应,而且层级、链条数越多,这种抑制作用越能得到充分发挥,并以 2006—2011 年实施资产注入的地方国有上市公司样本为基础数据,对有关假设做实证检验。

6.1 问题的提出

股权结构是公司治理的基础,公司是否具有合理、健全的股权

149

结构，往往决定了其治理效率的高低（Jensen and Meckling，1976；王化成和胡国柳，2004）。无论是在英国、德国等西欧国家，还是在日本、中国等东亚国家，高股权集中度都是这些国家上市公司的典型特征之一，而在这样股权高度集中的控制环境下，大股东或终极控制人通过金字塔股权结构来控制上市公司是较为常见的一种控股模式（La Porta et al.，1999；Faccio and Lang，2002）。在金字塔股权结构中，一般存在一条或多条控制链，每条控制链上都有至少一个中间层公司，中间层公司通常相互之间关联持股，而位于控制链顶端的大股东就借助这些错综复杂的控制链条，通过中间层的关联持股公司来间接持有位于控制链底部的上市公司的股权。相较于大股东直接持有公司股份的控股模式，金字塔股权结构在大股东和上市公司间加入了若干横向的控制链条和纵向的中间层级，它广泛存在于一些大型集团公司中，与集团内部的组织结构、内部市场运作、管理权配置等产生交互作用下的"化学反应"，无论是对公司的投融资决策、利益分配机制还是对公司的日常经营管理等都具有深远影响。自金字塔股权结构诞生至今，关于它究竟在集团和集团内部的上市公司中起到了什么作用、它与代理问题的内在关联、它是否是一种有效率的股权架构等问题的争论一直是国内外研究关注的重点。尽管有些研究认为，金字塔股权结构冗长而复杂的控制链使得大股东的行为变得更为隐蔽、难以察觉，加剧了内部的信息不对称程度，进一步增加了潜在的道德风险，加上它有利于增强大股东的控制权，因而可能导致大股东通过金字塔结构来进行资产出售、转移定价等内部交易，攫取公司资源并向自身输送利益，从而"掏空"上市公司，损害中小股东权益（Shleifer and Vishny，1997；Johnson et al.，2000；Claessens et al.，2006；罗党论和唐清泉，2008）。但是，如果金字塔股权结构在任何情境下都仅产生加重大小股东间代理问题的"隧道效应"，就无法解释其为何能够在世界范围内普遍存在，也无法回答其为何没有被更有效率的持股模式取代。事实上，金字塔股权结构还具有很多其他组织结构形式所无法代替的优势，而这些优势所形成的正面效应也许正是其得以在诸多公司中长期存在并备受青睐的缘由。具体而言，金字塔股权结构的好处包括：金字塔结构造成大股东现金流权与控制权的进一步分离，有利于在集团公司内部形成一个更能有效集聚资源的内部资本市场，为内部成员提供更为便利的融资渠道（Almeida and Wolfenzon，2006；李焰和张宁，2007；李增泉等，2008），促进了内部资源的合理配置（Khanna and Palepu，1997；刘运国和吴小云，2009）；当公司出现经营困境时，金字塔股权结构的多重控制为大股东向上市公司提供"反向支持"提供了一定便利（Claessens et al.，2002；Friedman et al.，2003；王明琳，2007）；金字塔结构还有助于大股东规避高风险的政策或项目给上市公司带来的冲击（Manjon，2004；Attig et al.，2004）。此外，还有多个国内外研究从不同视角证明，金字塔股权结构是政府控制的政治收益与股权分散导致的代理成本的权衡，尤其在法律保护较弱、市场化程度较低的环境下，它能有效防御政府、工会等外部力量对上市公司的干预和控制，起到一定的价值保护作用（Roe，2003；Fan et al.，2005；程仲鸣等，2008；刘运国和吴小云，2009）。

　　金字塔股权结构最早是在20世纪80年代，伴随着改革开放的步伐和国有企业改革的政策导向而引入我国的。当时，我国政府在国有企业改革和组织结构调整中，有序引导、积极推进了一大批企业集团的组建。到了20世纪90年代初期，党的十四大更是明确提出了要建立产权清晰、政企分开的现代企业制度，以资本为纽带，通过市场来形成具有竞争力的大型企业集团，从而在中央和地方国有企业掀起了组建大型国有企业集团的高潮。国有企业改革的核心思想之一就是推动国有企业的政企分开,逐步实现政府所有者职能与社会行政职能的彻底分离(罗党论和唐清泉,2008)。但是,国有资产的产权不能"旁落他人",因此必须在国企改革中设立新的机构,并在国有企业集团内引入新的控制机制。在这样的制度背景下,自20世纪90年代中期起,国家依法独资设立了国有资产经营公司,它们代表国家行使具体的产权管理职能,以持股运作的方式从事国有资本运营;2003年,代表国家履行出资人职责的中央和地方国资委成立,长期以来国有企业终极所有权主体缺位的问题也得到解决。至此,在大型国有企业集团,国有资产管理部门(国资委)—国有资产经营公司—国有企业(包括国有上市公司)的三级国有公司金字塔持股模式得到最终确立。在金字塔股权结构中,各级政府(由国资委代表)位于顶端,享有所有者权益,并对所有国有资产实行统一管理和监督;国有资产经营公司受各级政府委托,具体负责国有资产的经营管理,并通过股权投资的方式,将各国有企业变为自己的子公司、孙公司等,其中达到IPO条件的企业可单独作为股份有限公司发行股票上市。金字塔股权结构使得各级政府对国有上市公司的控制模式由过去"一控一"的直接控制向"一控多"的控制链结构转变。

尽管金字塔股权结构在我国企业、上市公司出现的时间要比发达国家晚,但经过三十多年的发展,它已成为国有大股东控制国有企业的最主要形式。据统计,在我国的国有上市公司中,有2/3以上都是通过金字塔股权结构为国有股东所控制(渡边真理子,2011)。既然金字塔股权结构作为一种公司内部的治理机制,其本身具有抑制政府干预的功能,并且它被引进我国国有企业的初衷就是要在保护国有产权不流失的前提下,推动国有企业的政企分开,逐步实现政府所有者职能与社会行政职能的彻底分离，而我国地方国有上市公司的资产注入又受到其实际控制人——地方政府的强烈干预，并且总体上呈现对公司绩效的"掠夺"，那么金字塔股权结构是否能够在地方国有上市公司资产注入中发挥明显的防御政府干预的作用呢？随着金字塔纵向层级和横向链条数的增加，这样的防御作用是否得到了进一步强化？这些是本章将要探讨的主要问题。

6.2　理论分析与研究假设

6.2.1　有无金字塔股权结构对政府干预与资产注入绩效关系的影响

一些国外学者的研究表明，在西方，金字塔股权结构是终极控制人常用的一种控股模式，它帮助终极控制人增强对上市公司的控制力度（La Porta et al.，1999；Claessens et al.，2000），金字塔股权结构既可能是终极控制人建立内部资本市场，获取内部融资优势以解决上市公司资金困境的一种"支持"手段（Friedman et al.，2003；Cheung et al.，2006；Almeida and Wolfenzon，2006），也可能是其通过形成的金字塔链条来转移公司资源、攫取控制权私利的一种"掏空"方式（Johnson et al.，2000；Bertrand et al.，2002；Claessens et al.，2002）。在我国，大多数国有上市公司和民营上市公司均被终极控制人通过金字塔结构控制，金字塔股权结构在我国的上市公司同样普遍存在（刘芍佳等，2003；宋东林和金成晓，2003；赖建清和吴世农，2005；韩志丽等，2006）。关于我国上市公司建立金字塔结构的动机和效应，刘启亮等（2008）认为，一些实力强劲的股东会利用金字塔结构的财富放大效应来"掏空"公司，获得控制权私利和寻租收益，而弱投资者保护的外部环境难以制约股东行为；李增泉等（2008）提出，金字塔结构具有的杠杆效应，可以有效缓解我国民营上市公司受到的债务融资约束，因而民营上市公司大股东有采用金字塔结构控制公司的动机；苏勇和张军（2012）的研究发现，我国的民营企业普遍通过金字塔结构来提高现金流权和控制权的分离度，这样大股东可以以很小的代价获得企业较高的控制权，加之弱投资者保护机制下违规成本低，因而民营企业的大股东便于利用金字塔持股达到侵占中小股东利益的"掏空"目的。然而，这些研究只能解释我国非政府控股的民营上市公司的金字塔结构问题，对国有上市公司不具有普适性，因为我国国有上市公司金字塔结构形成的制度背景不同于民营上市公司。国有上市公司金字塔结构的出现是伴随着我国的政府分权和放权改革而产生的，国家在国有企业引入金字塔结构的初衷是要限制政府对国有企业的过度干预，通过建立国有资产管理体系，组建企业集团，在政府与国有企业间插入中间层级，形成多层级控制，提高政府的干预成本，从而降低政府对国有企业的直接控制和干预，促进国企经营的市场化，实现经济改革的目标（孙铮和于旭辉，2007；夏冬林和朱松，2008；苏坤，2012）。而且，我国国有上市公司金字塔股权结构下，终极控制人现金流权和控制权的分离度普遍不高的现状（孙晓琳，2010），也缓解了控制人"掠夺"上市公司的可能。近年来部分国内研究从不同视角证实了金字塔结构的确能在法律保护较弱的情况下，充当国有上市公司有效规避政府干预的替代机制（刘运国和吴小云，2009；刘行和李小荣，2012）。

如第5章所述，政府干预下的资产注入很可能是政府解决政策性负担、实现官员政治利益目标的一种短视行为，对于上市公司未来的绩效提升不仅无益，反而产生"掠夺"效果。在现有的体制下，地方国有上市公司的资产注入更可能受到政府干预的直接、严重影响，所产生的"掠夺"效应也更为显著。而金字塔股权结构能够帮助企业尤其是地方国有企业有效规避政府干预，因此，可以推知，与未建立金字塔股权结构的地方国有上市公司相比，在建立了金字塔股权结构的地方国有上市公司，金字塔结构能够缓解政府干预对资产注入绩效的不利影响，对政府干预产生更强的抑制效果。基于以上分析，提出本章的假设6.1。

假设6.1：金字塔股权结构抑制了政府干预对地方国有上市公司资产注入绩效的"掠夺"。在有金字塔股权结构的地方国有上市公司，政府干预对资产注入后公司绩效的"掠夺"程度要低于无金字塔股权结构的地方国有上市公司。

6.2.2　金字塔结构的内部特征对政府干预与资产注入绩效关系的影响

国外研究表明，金字塔股权结构可以帮助建立企业集团的内部资本市场，为金字塔股权结构内部的上市公司获取内部融资优势、解决资金困境等提供帮助（Khanna and Palepu，2000；Almeida and Wolfenzon，2006），还可以帮助金字塔股权结构内部的上市公司防御政府、工会等外部利益相关者的干预（Roe，2003；Friedman et al.，2003；Cheung et al.，2006）。在我国，大多数国有上市公司都是金字塔结构下面的一个子公司（刘芍佳等，2003；赖建清和吴世农，2005；韩志丽等，2006），金字塔结构在政府与国有上市公司间插入中间层级，形成多层级控制，从而降低了政府对国有上市公司的直接控制和干预程度（Fan et al.，2005；孙铮和于旭辉，2007；夏冬林和朱松，2008；苏坤，2012）。尽管从国有资产管理部门到国有资产经营公司及各级实体公司之间，政府还保持着实质上的控制地位，但金字塔的层级却或多或少能弱化政府对国有上市公司的控制力

（刘运国和吴小云，2009）。当金字塔层级较少时，作为终极控制人的政府能比较方便地干预地方国有上市公司的经营活动，政府干预的难度较小、成本较低；而当金字塔层级增多时，某些层级的代理人同时也是委托人，更多严重的多层代理问题随之产生，控制链上各公司之间的利益冲突会更严重，这将会导致信息传递缓慢、滞后，产生较高的信息传递成本，导致代理成本增加（孙铮和于旭辉，2007；夏冬林和朱松，2008），而这些增加的代理成本和信息传递成本有相当一部分必须由政府承担，政府在权衡干预的成本和收益之后可能选择进一步"放权"，减少对金字塔结构内部上市公司的干预力度和利益输送程度。因此，金字塔的层级越多，越有利于削弱政府对金字塔底层的国有企业的干预。

除了纵向的层级外，横向的代理链条也是金字塔股权结构的重要内部特征和构成部分。金字塔内部的多链条结构与多层级结构都是终极控制人使用金字塔结构扩大资源控制的重要媒介（苏坤，2012；梁彤缨等，2012）。如果说，层级的增多使得单一控制链条上的公司数量增多，那么代理链条数的增多则进一步扩充了中间层容纳的公司数量，使得终极控制人对底层上市公司实施控制的路径变得更加复杂多样。当政府控制地方国有上市公司所需的委托—代理链条较多时，就意味着政府的干预行为会受到较多链上的公司和自然人的干扰，加剧政府面临的信息不对称程度，并进一步增加了政府为实施干预和侵占行为所需承担的代理成本、监督成本等，从而和多层级结构特征一样，抑制了政府对位于金字塔底层的地方国有上市公司的干预。

综合上述分析，当位于集团公司金字塔结构底部的地方国有上市公司进行资产注入时，金字塔内部的层级越多，链条数越多，其内部的委托—代理关系就越复杂，由此引发的冲突、干扰等越多，身为终极控制人的政府干预上市公司资产注入行为所产生的代理成本、信息传递成本、监督成本等也越高。当这些成本高于政府期望通过对上市公司资产注入的干预而取得的各种收益时，理性的政府官员会相应减少对地方国有上市公司资产注入活动的干预，从而使得地方国有上市公司资产注入中对地方政府的利益输送程度降低，政府干预对公司资产注入绩效的"掠夺"效应得到缓解。

基于以上分析，提出本章的研究假设6.2和假设6.3。

假设6.2：地方国有上市公司金字塔股权结构的层级越多，越有利于抑制政府干预对上市公司资产注入绩效的"掠夺"。金字塔股权结构的层级较多的地方国有上市公司，政府干预对资产注入后绩效的"掠夺"程度要低于金字塔股权结构的层级较少的地方国有上市公司。

假设6.3：地方国有上市公司金字塔股权结构的链条数越多，越有利于抑制政府干预对上市公司资产注入绩效的"掠夺"。金字塔股权结构的链条数较多的地方国有上市公司，政府干预对资产注入后绩效的"掠夺"程度要低于金字塔股权结构的链条数较少的地方国有上市公司。

6.3 实证研究设计

6.3.1 样本选取和数据来源

与第5章相似，本章选取2006—2011年我国沪、深两市成功实施了资产注入的地方国有上市公司作为初选样本，并对样本做了以下处理：（1）剔除财务数据不全或资料缺失的上市公司；（2）剔除财务指标明显有误或不符合常理的上市公司；（3）剔除金融业的上市公司，因其经营特点、业务模式等与其他行业存在较大差异；（4）剔除当年上市的公司，因为这些公司刚完成上市，经营绩效、各种财务指标等与已在资本市场上市多年的公司相比，可能差异较大。由此，共得到 357 个研究样本量。

本章所使用的基础数据基本上与第 5 章一致，大部分来自国泰安（CSMAR）和万德（WIND）数据库，政府干预程度和市场经济发展程度变量的数据则来自樊纲等（2011）编制的《中国市场化指数——各地区市场化相对进程 2011 年报告》。另外，由于本章新加入了对金字塔股权结构的研究，因此需要对金字塔股权结构的数据进行搜集，这些数据是通过手工搜集巨潮资讯网的上市公司年报中的"上市公司控制链图"并做相应判断、赋值而得到的。

6.3.2 模型构建和变量定义

为检验假设 6.1，本书建立待检验的回归模型：

$$F_t = \alpha_0 + \alpha_1 Gov/Market + \alpha_2 Pyr \times Gov/Market + \alpha_3 Pyr + \alpha_4 Inject + \alpha_5 Size + \alpha_6 Share + \alpha_7 Growth + \alpha_8 Lev + \alpha_9 Pay + \alpha_{10} Age + \alpha_{11} Year + \alpha_{12} Industry + \varepsilon \tag{6.1}$$

为检验假设 6.2，本书建立待检验的回归模型：

$$F_t = \alpha_0 + \alpha_1 Gov/Market + \alpha_2 Layer \times Gov/Market + \alpha_3 Layer + \alpha_4 Inject + \alpha_5 Size + \alpha_6 Share + \alpha_7 Growth + \alpha_8 Lev + \alpha_9 Pay + \alpha_{10} Age + \alpha_{11} Year + \alpha_{12} Industry + \varepsilon \tag{6.2}$$

为检验假设 6.3，本书建立待检验的回归模型：

$$F_t = \alpha_0 + \alpha_1 Gov/Market + \alpha_2 Chain \times Gov/Market + \alpha_3 Chain + \alpha_4 Inject + \alpha_5 Size + \alpha_6 Share + \alpha_7 Growth + \alpha_8 Lev + \alpha_9 Pay + \alpha_{10} Age + \alpha_{11} Year + \alpha_{12} Industry + \varepsilon \tag{6.3}$$

下面对回归模型中各变量的具体定义进行说明。

（1）被解释变量

F_t：综合绩效得分。与第 5 章相同，本书采用综合绩效得分来反映资产注入后的公司绩效，从盈利能力指标、偿债能力指标、营运能力指标、增长能力指标四个层面出发，选择了 10 个在各自层面具有一定代表性的指标，作为计算地方国有上市公司资产注入后综合绩效得分的基础数据。然后，利用因子分析法，对资产注入后各年分别提取 4 个公共因子，根据各因子得分和方差贡献率，得到资产注入后第一年、第二年综合绩效得分的计算公式，并对每年的因子加权综合得分之和均除以当年的总方差贡献率，从而得到最终的资产注入综合绩效值。计算综合绩效得分的 10 个评价指标已在表 5 – 1 中做了说明，此处不再重复。

（2）解释变量

本章的解释变量与第 5 章相比，稍有一些变化。首先，因为本章专门探讨的是地方国有上市公司的金字塔股权结构、政府干预与资产注入绩效间的关系，不涉及民营上市公司，因而政府干预变量缩减为两个，即政府干预程度（Gov）和市场经济发展程度（Market）。其次，本章首先验证假设 6.1，这部分涉及两类实施了资产注入的地方国有上市公司样本，一类是未通过金字塔股权结构为终极控制人所控制的；另一类是通过金字塔股权结构为终极控制人所控制的，采用是否有金字塔股权结构（Pyr）与政府干预的交乘项作为解释变量，区分的标准主要是看上市公司与终极控制人之间是否还有其他的中间层公司；而在验证假设 6.2 和假设 6.3 时，由于探讨的是金字塔股权结构内部特征对政府干预和资产注入绩效关系的影响，因而这里所采用的样本皆为具有金字塔股权结构的地方国有上市公司，并分别设置层级（Layer）、链条数（Chain）与政府干预的交乘项作为解释变量。对解释变量的具体定义和说明如下。

Gov：政府干预程度。近年来，樊纲等人编制的中国各地区市场化进程数据中关于地区政府干预水平的指标，已成为相关研究中普遍采用的政府干预的替代变量。鉴于本书除假设5.1外，其他假设研究的对象仅限于地方国有控股这一种上市公司所有制类型，同时又要充分体现不同地区样本公司的政府干预程度差异，因此，本书沿袭以往研究的普遍做法，采用最新的《中国市场化指数》（樊纲等，2011）中"减少政府对企业的干预"这一指标，对样本的政府干预程度进行赋值。① "减少政府对企业的干预"指数的值越大，则表明对应地区的政府干预程度越低，反之亦然。

市场经济发展程度（Market）：采用樊纲等（2011）编制的《中国市场化指数》中的"市场化总指数"指标来度量上市公司所在地区的市场经济发展程度。市场化总指数可以较为全面地反映一个地区的市场化水平，指数越高，则地区市场化程度也越高，而市场化程度又是侧面反映该地区政府干预水平的一面"镜子"。市场化水平较高的地区，其制度环境就健全完善，意味着政府对企业的干预相对较轻，企业权益能够得到有效的保护。

是否有金字塔股权结构与政府干预程度/市场经济发展程度的交乘变量（Pyr × Gov/Market）：根据"上市公司控制链图"，若地方国有上市公司直接被其终极控制人控制，未通过任何中间公司、机构等，则赋值为0；若至少有一家中间层的公司存在于控制链上，则赋值为1。

金字塔结构的层级数/链条数与政府干预程度/市场经济发展程度的交乘变量（Layer/Chain × Gov/Market）：为体现金字塔结构与政

① 由于樊纲等（2011）的最新数据仅截至2009年，本书参考余明桂等（2010）的做法，对2010年和2011年的指数值，均使用2008年、2009年两年的指数均值代替。后文的"市场化总指数"指标亦同。

府干预对资产注入绩效的共同影响，本书引入金字塔结构内部特征与政府干预的交乘变量，内部特征从纵向的层级数和横向的链条数两个方面予以量化。金字塔结构的层级数是指集团控制链条上从终极控制人（大股东）到位于底部的上市公司间的公司数量，取最长控制链上的中间层公司数量，作为金字塔结构层级数的度量依据。而金字塔结构的链条数，就是终极控制人（大股东）控制上市公司所使用的总的代理链数目。同时，为便于交乘项的使用和对回归结果的解释，本书对样本公司的金字塔层级和链条数均以计算出的中位数为界，划分为"层级/链条数多"和"层级/链条数少"两组，分别赋值为 1 和 0。

（3）控制变量

与第 5 章相同，本章也设置了注入资产规模（Inject）、公司规模（Size）、股权集中度（Share）、营业收入增长率（Growth）、资产负债率（Lev）、支付方式（Pay）、上市年限（Age）等控制变量，并对年度（Year）和行业（Industry）变量进行控制，还分别在模型6.1、模型6.2、模型6.3中单独控制了是否有金字塔股权结构（Pyr）、金字塔层级（Layer）、链条数（Chain）三个变量。为避免赘述，本书不在此处对控制变量做重复说明。各变量的定义、符号和计算方法的汇总如表6-1所示。

表6-1 变量定义及描述

变量名称	变量符号	变量描述
综合绩效得分	F_t	运用因子分析法得出的资产注入后第 t 年的公司综合绩效，t = 1, 2
政府干预程度	Gov	地方国有上市公司所在地区的"减少政府对企业的干预"指数
市场经济发展程度	Market	地方国有上市公司所在地区的"市场化总指数"

变量名称	变量符号	变量描述
是否有金字塔结构与政府干预的交乘变量	Pyr × Gov/Market	若地方国有上市公司直接被其终极控制人控制，未通过任何中间公司、机构等，则赋值为 0；若至少有一家中间层的公司存在于控制链上，则赋值为 1。
是否有金字塔结构	Pyr	定义同上
金字塔结构层级与政府干预的交乘变量	Layer × Gov/Market	根据样本的金字塔结构层级数的中位数确定 Layer 的取值，若样本层级数高于中位数，Layer = 1，否则为 0
金字塔结构层级	Layer	定义同上
金字塔结构链条数与政府干预的交乘变量	Chain × Gov/Market	根据样本的金字塔结构链条数的中位数确定 Chain 的取值，若样本链条数高于中位数，Chain = 1，否则为 0
金字塔结构链条数	Chain	定义同上
注入资产规模	Inject	注入资产金额与资产注入前一年的公司总资产之比
公司规模	Size	资产注入前一年公司总资产的自然对数
股权集中度	Share	资产注入前一年公司第一大股东持股比例
公司成长性	Growth	资产注入前一年公司主营业务收入的增长率
负债水平	Lev	资产注入前一年公司的总负债与总资产之比
支付方式	Pay	若资产注入通过定向增发完成对价支付，则为 1；若通过其他方式，则为 0
上市年限	Age	资产注入当年公司已上市年限的自然对数
年度变量	Year	控制年度差异
行业变量	Industry	控制行业差异

6.4　实证分析与结果描述

6.4.1　描述性统计

在消除极端值的影响后，本书对样本中各变量的值做了描述性统计。表 6 - 2 是对 2006—2011 年我国实施资产注入的地方国有上市公司样本所做的描述性统计结果。其中，F_1、F_2 为资产注入后第一年和第二年的综合绩效值。从 357 个地方国有上市公司样本所在地的"减少政府对企业的干预"（Gov）指标来看，最大值出现在 2007 年的广东，高达 12.67（其 Market 指标值为 10.1），最小值则出现在 2008 年、2009 年的新疆，低至零值（其 Market 指标值为 5.2），均值约为 6.78，标准差较大，为 3.1040，反映了一个比较大的离散程度。从样本所在地的"市场化总指数"（Market）这一指标来看，最大值出现在 2009 年的浙江，为 11.8（其 Gov 指标值为 9.32），最小值则出现在 2009 年的青海，仅为 3.25（其 Gov 指标值为 1.3），均值约为 8.15，标准差为 1.8705，相对于 Gov 变量，离散程度要小一些。这些都与我们对中国经济的地域发展情况和地方政府治理水平等的认知相符。从金字塔股权结构来看，样本中超过 85% 的地方国有上市公司（共 306 个样本量）都是通过金字塔股权结构为大股东所控制，也侧面验证了金字塔股权结构在我国国有上市公司是一种极为普遍的控股方式。而在有金字塔结构的地方国有上市公司样本中，尽管金字塔控制链的层级和代理链条数的绝对值存在较大离散程度，但从均值上看，3~4 层级、2 条代理链的结构是为多数地方国有上市公司所普遍采用的。

表6-2 变量描述性统计

变量	样本数	平均值	中位数	最大值	最小值	标准差
F_1	357	0.0105	-0.0647	3.9643	-1.7640	0.5373
F_2	357	0.0305	0.0088	1.7915	-2.5837	0.2822
Gov	357	6.7822	6.85	12.67	0	3.1040
Market	357	8.1541	7.97	11.8	3.25	1.8705
Pyr	357	0.86	1	1	0	0.3500
Layer	306	3.84	3	9	2	1.8464
Chain	306	2.27	2	9	1	1.5026
Inject	357	0.1379	0.0291	3.7361	0.00003	0.3965
Size	357	21.8045	21.8015	24.6188	19.5472	1.0955
Share	357	0.4352	0.4490	0.9500	0.1115	0.1536
Growth	357	0.3093	0.1376	10.2140	-3.5133	1.2181
Lev	357	0.5409	0.5433	1.9393	0.0436	0.2125
Pay	357	0.09	0	1	0	0.2830
Age	357	2.6144	2.6391	2.9957	1.6094	0.1961

6.4.2 多元回归分析

（1）金字塔股权结构、政府干预与资产注入绩效

表6-3、表6-4是对模型6.1做回归分析后的结果，分别以"减少政府对企业的干预"（Gov）和"市场化总指数"（Market）两项政府干预的代理指标代入回归模型中。从表6-3可以看出，在控制其他变量影响的前提下，"减少政府对企业的干预"（Gov）与资产注入后第一年和第二年的公司综合绩效（F_t）依然呈现显著的正相关关系，而是否有金字塔股权结构与政府干预程度的交乘项（Pyr × Gov）的回归系数同样为正，并且均显著，说明当地方国有上市公司具有金字塔股权结构时，相比没有金字塔股权结构的地方国

有上市公司，政府干预对其资产注入后公司绩效的"掠夺"得到了
有效抑制，回归方程也均通过 F 检验和拟合优度检验。表 6-4 中，
是否有金字塔股权结构与市场经济发展程度的交乘项（Pyr × Mar-
ket）对公司综合绩效的回归系数也均显著为正。由此，可以得出结
论，金字塔股权结构在抑制地方国有上市公司资产注入中的政府干
预方面发挥了有效作用，从而在一定程度上缓解了政府干预对资产
注入后公司绩效的负面影响，公司资产注入后的绩效得到改善。

**表 6-3 政府干预程度、有无金字塔股权结构与
资产注入绩效的回归结果**

变量符号	F_1	F_2
Cons	-0.183 *** (-4.233)	-0.273 *** (-2.963)
Gov	0.090 * (1.642)	0.146 *** (2.740)
Pyr × Gov	0.126 ** (2.476)	0.112 ** (2.129)
Pyr	0.109 ** (2.180)	0.008 (0.158)
Inject	-0.057 (-1.147)	-0.085 * (-1.665)
Size	0.007 (0.129)	0.030 *** (2.931)
Share	-0.009 (-0.167)	0.061 (1.147)
Growth	-0.002 (-0.041)	-0.066 (-1.294)
Lev	-0.100 ** (-1.987)	0.050 (0.971)
Pay	-0.059 (-1.156)	0.012 (0.233)

续表

变量符号	F_1	F_2
Age	0.086* (1.617)	−0.022 (−0.412)
Year	控 制	控 制
Industry	控 制	控 制
N	357	357
F	2.673***	10.672***
Adjusted−R2	0.137	0.184

注：***、**、* 分别表示在 1%、5%、10% 水平上统计显著，括号中的数字为 t 检验值。

表6−4 市场经济发展程度、有无金字塔股权结构与资产注入绩效的回归结果

变量符号	F_1	F_2
Cons	−0.330*** (−5.332)	−0.164*** (−2.935)
Market	0.098* (1.688)	0.137** (2.545)
Pyr × Market	0.018*** (2.716)	0.066* (1.276)
Pyr	−0.151 (−1.095)	0.004 (0.084)
Inject	−0.043 (−0.871)	−0.078* (−1.529)
Size	0.013 (0.226)	0.093* (1.653)
Share	−0.019 (−0.378)	0.070 (1.327)
Growth	−0.003 (−0.061)	−0.036 (−0.700)

变量符号	F_1	F_2
Lev	-0.096^* (-1.946)	0.033 (0.651)
Pay	-0.058 (-1.155)	0.014 (0.265)
Age	0.086^* (1.644)	0.019 (0.345)
Year	控制	控制
Industry	控制	控制
N	357	357
F	7.232^{***}	10.909^{***}
Adjusted – R2	0.149	0.194

注：***、**、*分别表示在1%、5%、10%水平上统计显著，括号中的数字为 t 检验值。

（2）金字塔股权结构层级、政府干预与资产注入绩效

表6-5、表6-6是对模型6.2做回归分析后的结果，分别以"减少政府对企业的干预"（Gov）和"市场化总指数"（Market）两项政府干预的代理指标代入回归模型中。从表6-5可以看出，在控制其他变量影响的前提下，"减少政府对企业的干预"（Gov）与资产注入后第一年和第二年的公司综合绩效（F_t）依然呈现显著的正相关关系，而金字塔层级与政府干预程度的交乘项（Layer×Gov）的回归系数同样为正，并且均显著，说明地方国有上市公司的金字塔结构层级越多，政府干预的减少对资产注入后公司绩效产生的积极效果越强烈，换言之，金字塔股权结构的多层级特征削弱了政府干预的增加对资产注入后公司绩效的"掠夺"效应，回归方程也均通过F检验和拟合优度检验。表6-6中，金字塔股权结构层级与市场经济发展程度的交乘项（Layer×Market）对公司综合绩效的回归

系数也均显著为正。由此,可以得出结论,金字塔结构的多层级特征对于抑制政府干预的"掠夺之手"、在一定程度上改善地方国有上市公司资产注入绩效具有积极意义。

表 6 – 5　政府干预程度、金字塔股权结构层级与
资产注入绩效的回归结果

变量符号	F_1	F_2
Cons	0.128 *** (4.691)	− 0.106 *** (− 3.129)
Gov	0.070 * (1.373)	0.013 *** (2.929)
Layer × Gov	0.082 * (1.672)	0.090 * (1.691)
Layer	0.036 (0.734)	0.062 (1.176)
Inject	− 0.028 (− 0.551)	− 0.051 (− 0.955)
Size	0.007 (0.131)	0.008 (0.129)
Share	0.059 (1.185)	0.020 (0.378)
Growth	0.035 ** (1.993)	− 0.018 (− 0.327)
Lev	− 0.072 (− 1.419)	0.062 (1.184)
Pay	− 0.061 (− 1.211)	0.016 (0.293)
Age	− 0.019 (− 0.387)	− 0.010 (− 0.192)
Year	控制	控制
Industry	控制	控制

变量符号	F_1	F_2
N	306	306
F	10.524***	10.265***
Adjusted $- R^2$	0.224	0.220

注：***、**、*分别表示在1%、5%、10%水平上统计显著，括号中的数字为 t 检验值。

表 6 - 6　市场经济发展程度、金字塔股权结构层级与资产注入绩效的回归结果

变量符号	F_1	F_2
Cons	-0.028 (-0.787)	-0.026 (-1.485)
Market	0.064* (1.102)	0.111** (2.040)
Layer × Market	0.133** (2.296)	0.096* (1.815)
Layer	0.121** (2.083)	0.085 (1.597)
Inject	-0.062 (-1.091)	-0.048 (-0.920)
Size	0.018 (0.310)	0.108* (1.960)
Share	-0.029 (-0.511)	-0.001 (-0.014)
Growth	0.002 (0.033)	0.008 (0.156)
Lev	-0.047 (-0.828)	0.016 (0.316)
Pay	-0.107* (-1.872)	0.031 (0.579)

变量符号	F_1	F_2
Age	0.068 (1.140)	0.060 (1.113)
Year	控制	控制
Industry	控制	控制
N	306	306
F	7.450***	12.955***
Adjusted $- R^2$	0.041	0.218

注：***、**、*分别表示在1%、5%、10%水平上统计显著，括号中的数字为 t 检验值。

（3）金字塔股权结构链条数、政府干预与资产注入绩效

表6-7、表6-8是对模型6.3做回归分析后的结果，分别以"减少政府对企业的干预"（Gov）和"市场化总指数"（Market）两项政府干预的代理指标代入回归模型中。从表6-7可以看出，在控制其他变量影响的前提下，"减少政府对企业的干预"（Gov）与资产注入后第一年和第二年的公司综合绩效（F_t）依然呈现显著的正相关关系，而金字塔链条数与政府干预程度的交乘项（Chain × Gov）的回归系数同样为正，并且均显著，说明当地方国有上市公司的金字塔结构链条数较多时，政府干预对资产注入绩效的"掠夺"效应得到一定程度的弱化，回归方程也均通过 F 检验和拟合优度检验。表6-8中，金字塔股权结构链条数与市场经济发展程度的交乘项（Chain × Market）对公司综合绩效的回归系数也均显著为正。由此，可以得出结论，金字塔股权结构的多控制链特征对于抑制政府干预的"掠夺之手"、在一定程度上改善地方国有上市公司资产注入绩效也同样发挥了重要作用。

表6－7 政府干预程度、金字塔股权结构链条数与
资产注入绩效的回归结果

变量符号	F_1	F_2
Cons	0.058 ** (2.376)	－0.127 *** (－3.851)
Gov	0.088 * (1.768)	0.011 *** (2.941)
Chain × Gov	0.121 ** (2.438)	0.086 * (1.635)
Chain	0.134 *** (2.723)	0.065 (1.404)
Inject	－0.031 (－0.617)	－0.047 (－0.998)
Size	0.034 (0.689)	0.029 (0.569)
Share	0.034 (0.690)	0.024 (0.492)
Growth	0.083 (1.615)	0.010 (0.203)
Lev	－0.062 (－1.251)	0.048 (1.025)
Pay	－0.050 (－1.019)	0.021 (0.439)
Age	0.006 (0.112)	0.080 * (1.638)
Year	控制	控制
Industry	控制	控制
N	306	306
F	15.595 ***	15.123 ***
Adjusted － R^2	0.174	0.265

注：*** 、** 、* 分别表示在1%、5%、10%水平上统计显著，括号中的数字为t检验值。

表 6 – 8　市场经济发展程度、金字塔股权结构链条数与资产注入绩效的回归结果

变量符号	F_1	F_2
Cons	-0.059 (-1.596)	-0.047** (-2.469)
Market	0.073* (1.285)	0.147*** (2.678)
Chain × Market	0.130** (2.317)	0.116** (2.230)
Chain	0.139** (2.472)	0.078 (1.506)
Inject	-0.053 (-0.947)	-0.051 (-0.975)
Size	0.028 (0.491)	0.076 (1.364)
Share	-0.038 (-0.684)	-0.002 (-0.040)
Growth	0.004 (0.064)	0.006 (0.122)
Lev	-0.043 (-0.775)	0.004 (0.085)
Pay	-0.099* (-1.748)	0.035 (0.660)
Age	0.072 (1.220)	0.067 (1.239)
Year	控制	控制
Industry	控制	控制
N	306	306
F	9.255***	12.362***
Adjusted – R^2	0.052	0.232

注：***、**、*分别表示在1%、5%、10%水平上统计显著，括号中的数字为t检验值。

6.4.3 稳健性检验

为了佐证本章的研究结论,进一步提高结论的解释力,本章还进行了相应的稳健性检验。

(1)使用单一的绩效指标作为资产注入后公司绩效的代理指标。本书分别选取代表会计利润的总资产收益率(ROA)和代表市场价值的托宾 Q 值(Tobin - Q)作为被解释变量,依次代入到本章的三个回归模型中,以验证金字塔股权结构、政府干预和资产注入绩效间的关系。具体的稳健性检验结果如表 6 - 9 和表 6 - 10 所示,从中可以看出,在大部分稳健性检验结果里,政府干预对资产注入后的公司绩效的"掠夺"效应依然存在,而金字塔股权结构变量的加入,强化了政府干预的减少对资产注入绩效产生的积极效应,抑制了政府干预的增加对资产注入绩效的负面影响,表明金字塔股权结构在地方国有上市公司资产注入时能够有效抑制政府干预,缓解政府对上市公司的"掠夺之手",并且其内部层级和链条数越多,就越能充分发挥抑制政府干预的作用。[1]

**表 6 - 9   政府干预、金字塔股权结构与资产注入绩效的
稳健性检验结果 (一)**

变量符号	模型 6.1		模型 6.2		模型 6.3	
	ROA_1	ROA_2	ROA_1	ROA_2	ROA_1	ROA_2
Cons	0.052 *** (4.275)	- 0.022 (- 0.324)	- 0.244 (- 1.093)	- 0.023 (- 0.301)	- 0.330 *** (- 2.755)	- 0.051 (- 0.679)
Gov	0.062 * (1.181)	0.023 * (1.290)	0.098 * (1.820)	0.020 * (1.578)	0.019 ** (2.187)	0.022 * (1.656)

---

[1] 限于篇幅,对于稳健性检验(1),本章只列示了以"减少政府对企业的干预"(Gov)度量政府干预时的稳健性检验结果,以"市场化总指数"(Market)度量政府干预时的稳健性检验结果不在此列示。

续表

变量符号	模型 6.1		模型 6.2		模型 6.3	
	ROA_1	ROA_2	ROA_1	ROA_2	ROA_1	ROA_2
Pyr × Gov	0.082* (1.558)	0.012* (1.085)				
Pyr	0.057 (1.071)	0.022* (1.294)				
Layer × Gov			0.015* (0.920)	0.004** (2.172)		
Layer			0.062* (1.685)	0.035*** (2.661)		
Chain × Gov					0.006** (2.271)	0.004** (2.572)
Chain					0.070*** (3.765)	0.040*** (3.444)
Inject	−0.005 (−0.100)	−0.001 (−0.138)	−0.003 (−0.166)	−0.001 (−0.168)	−0.002 (−0.173)	−0.002 (−0.272)
Size	0.033 (0.602)	0.001 (0.444)	−0.005 (−0.576)	0.002 (0.677)	0.008* (1.798)	0.003 (0.991)
Share	0.040** (2.039)	0.028* (1.842)	0.001 (1.284)	0.027* (1.581)	0.057** (2.114)	0.027* (1.567)
Growth	−0.023 (−0.444)	−0.002 (−1.274)	−0.005 (−0.766)	−0.002 (−1.188)	−0.003 (−0.960)	−0.002 (−1.272)
Lev	−0.060*** (−4.563)	−0.043*** (−4.080)	−0.076** (−2.197)	−0.043*** (−3.500)	−0.048** (−2.420)	−0.043*** (−3.493)
Pay	−0.023 (−0.448)	0.001 (0.185)	−0.029 (−1.084)	0.002 (0.190)	−0.012 (−0.831)	0.001 (0.135)
Age	0.064 (1.215)	0.002 (0.187)	0.128*** (2.917)	−0.006 (−0.401)	0.042* (1.816)	−0.003 (−0.195)
Year	控制	控制	控制	控制	控制	控制
Industry	控制	控制	控制	控制	控制	控制
N	357	357	306	306	306	306

变量符号	模型 6.1		模型 6.2		模型 6.3	
	ROA$_1$	ROA$_2$	ROA$_1$	ROA$_2$	ROA$_1$	ROA$_2$
F	3.609***	3.164***	3.241***	3.115***	2.503***	3.352***
Adjusted – R^2	0.114	0.184	0.180	0.203	0.153	0.221

注：***、**、*分别表示在1%、5%、10%水平上统计显著，括号中的数字为 t 检验值。

表 6-10 政府干预、金字塔股权结构与资产注入绩效的稳健性检验结果（二）

变量符号	模型 6.1		模型 6.2		模型 6.3	
	Q$_1$	Q$_2$	Q$_1$	Q$_2$	Q$_1$	Q$_2$
Cons	5.311*** (7.473)	8.291*** (7.182)	6.638*** (6.211)	7.024*** (7.008)	5.725*** (5.537)	8.890*** (5.871)
Gov	-0.035 (-1.451)	-0.048 (-1.215)	-0.011 (-0.534)	0.007 (0.399)	0.004 (0.225)	0.003 (0.109)
Pyr × Gov	0.040* (1.660)	0.074* (1.825)				
Pyr	-0.180 (-1.029)	-0.281 (-0.946)				
Layer × Gov			0.034* (1.466)	0.026* (1.197)		
Layer			-0.237 (-1.342)	-0.109 (-0.654)		
Chain × Gov					0.022* (1.044)	0.030* (0.957)
Chain					0.255* (1.624)	0.405* (1.758)
Inject	-0.019 (-0.316)	-0.090 (-0.937)	-0.014 (-0.149)	-0.245** (-2.300)	-0.048 (-0.538)	-0.040 (-0.300)
Size	-0.127*** (-5.052)	-0.300*** (-7.331)	-0.178*** (-4.511)	-0.245*** (-6.603)	-0.138*** (-3.553)	-0.311*** (-5.438)

续表

变量符号	模型 6.1		模型 6.2		模型 6.3	
	Q_1	Q_2	Q_1	Q_2	Q_1	Q_2
Share	−0.165 (−1.031)	0.536** (2.043)	−0.131 (−0.540)	0.591** (2.550)	−0.014 (−0.061)	0.203 (0.596)
Growth	−0.054*** (−2.591)	−0.047* (−1.519)	−0.072** (−2.292)	−0.017 (−0.600)	−0.069** (−2.451)	−0.049 (−1.188)
Lev	−0.541*** (−4.716)	−0.714*** (−3.940)	−0.879*** (−4.785)	−0.700*** (−3.888)	−0.867*** (−4.211)	−0.975*** (−3.151)
Pay	−0.030 (−0.362)	−0.355*** (−2.579)	0.034 (0.270)	−0.272** (−2.346)	−0.006 (−0.042)	−0.345** (−1.783)
Age	−0.185 (−1.328)	0.031 (0.139)	−0.341* (−1.658)	0.025 (0.130)	−0.288* (−1.500)	−0.033 (−0.118)
Year	控制	控制	控制	控制	控制	控制
Industry	控制	控制	控制	控制	控制	控制
N	357	357	306	306	306	306
F	6.674***	8.291***	7.850***	8.473***	5.521***	6.166***
Adjusted − R^2	0.372	0.412	0.427	0.460	0.353	0.385

注：***、**、*分别表示在1%、5%、10%水平上统计显著，括号中的数字为t检验值。

（2）用其他表示政府与市场关系的指标作为政府干预的替代变量。本书分别选取"中国市场化指数"中的"缩小政府规模"（Gov）与"市场分配经济资源比重"（Market）两项指标来反映上市公司所在地的政府干预情况，两项指数越高，代表地区的政府干预程度越低，市场在资源配置中的决定性作用越能得到充分发挥，反之亦然。表6-11是用"缩小政府规模"（Gov）度量政府干预时的稳健性检验结果，将变量分别代入模型6.2、模型6.3后可以看出，其与金字塔股权结构的层级、链条数的交乘项对地方国有上市公司资产注入后第一年、第二年的综合绩效的影响均显著为正，再次验证了金字塔股权结构是一种有效抑制政府干预的公司内部机制。[1]

表6-11　政府干预、金字塔股权结构与资产注入
绩效的稳健性检验结果（三）

变量符号	模型6.2		模型6.3	
	F_1	F_2	F_1	F_2
Cons	-0.722* (-1.533)	-0.564* (-1.715)	-1.248** (-2.102)	-0.444* (-1.344)
Gov	0.010* (0.855)	0.018** (2.306)	0.023* (1.942)	0.008* (1.158)
Layer × Gov	0.012* (0.853)	0.009* (0.949)		
Layer	-0.009 (-0.115)	0.075* (1.354)		
Chain × Gov			0.010* (0.600)	0.009* (0.911)
Chain			0.207** (2.132)	-0.019 (-0.356)
Inject	-0.013 (-0.316)	-0.024 (-0.891)	0.001 (0.004)	-0.023 (-0.859)
Size	-0.015 (-0.885)	0.003 (0.233)	0.011 (0.538)	0.001 (0.088)
Share	0.001* (1.354)	0.001 (0.214)	0.003** (2.063)	0.001 (0.267)
Growth	0.014 (0.890)	0.002 (0.284)	0.024 (1.530)	0.002 (0.214)

[1]　在用"市场分配经济资源比重"（Market）作为政府干预的替代变量时，稳健性检验结果同样能证明金字塔股权结构在地方国有上市公司资产注入中具有防御政府干预、缓解政府"掠夺"效应的功能，本章不再单独列示。

变量符号	模型 6.2		模型 6.3	
	F_1	F_2	F_1	F_2
Lev	−0.016 (−0.209)	0.081 (1.572)	−0.175* (−1.885)	0.071 (1.371)
Pay	−0.007 (−0.124)	−0.002 (−0.064)	−0.061 (−0.868)	−0.008 (−0.201)
Age	0.230** (2.509)	0.095* (1.482)	0.165* (1.424)	0.090* (1.404)
Year	控制	控制	控制	控制
Industry	控制	控制	控制	控制
N	306	306	306	306
F	4.790***	4.246***	5.969***	4.240***
Adjusted − R^2	0.300	0.240	0.330	0.240

注：***、**、* 分别表示在 1%、5%、10% 水平上统计显著，括号中的数字为 t 检验值。

经过执行上述稳健性测试程序，本章相应的假设依然得到验证，可见本章的研究结论是稳健的。

6.5　本章小结

本章以 2006—2011 年我国实施了资产注入的地方国有上市公司为研究样本，以通过因子分析法计算出的资产注入后第一年、第二年的公司综合绩效值作为资产注入绩效的衡量指标，以政府干预程度、市场经济发展程度两个变量作为政府干预的替代变量，以是否有金字塔股权结构、层级、链条数三个变量来量化金字塔股权结构，对金字塔股权结构、政府干预、资产注入绩效间的关系进行实证检验。本章首先对比了通过金字塔股权结构为终极控制人所控制的地方国有上市公司和没有通过金字塔股权结构为终极控制人所控制的地方国有上市公司之间，政府干预影响资产注入后绩效的程度差异；然后专门选择有金字塔股权结构的地方国有上市公司为样本，进一步考察了金字塔层级和链条数的多少如何影响政府干预与资产注入后的绩效间的关系。本章的研究结果表明：（1）相对于没有金字塔股权结构的地方国有上市公司，在有金字塔股权结构的地方国有上市公司中，政府干预对资产注入后公司绩效的"掠夺"程度显著降低；（2）金字塔股权结构的层级越多、链条数越多，越能显著降低政府干预对资产注入后公司绩效的"掠夺"，从而在一定程度上改善公司绩效。从本章结论中可以看到，金字塔股权结构在地方国有上市公司资产注入中扮演了抑制政府干预的"掠夺之手"的重要角色，它通过在地方国有上市公司和终极控制人——政府之间插入若干中间层公司，并形成多条代理链，使得政府面临的代理问题和冲突更为严重，政府干预地方国有上市公司的成本也随之增加，反而在一定程度上抑制了政府通过资产注入等活动"掏空"上市公司、向自身输送利益的动机和程度，有利于防御政府干预的"掠夺之手"。本章从地方国有上市公司资产注入的角度，进一步验证了金字塔股权结构对政府干预的抑制作用。

7 研究结论、政策建议与研究展望

本章在以上各章理论和实证研究的基础上，总结了本书的主要研究结论，从建立新型政企关系、优化金字塔股权结构、加快国有企业改革步伐等方面分别提出了对应的政策建议，最后对未来的研究方向做出展望。

7.1 研究结论

自股权分置改革启动以来，我国资本市场过去因历史原因导致的流通股与非流通股股权分置的格局被打破，市场焕发出新的活力和生机，由此引发的轰轰烈烈的上市公司资产注入热潮成为新的亮点，而在国有股也能自由上市流通后，国有上市公司的资产注入更是备受关注。许多地方国有上市公司在地方政府的干预和推动下，通过资产注入完成了资源的重新分配和整合，并在资产注入前后发布一些公告，对资产注入后可能产生的各种利好结果进行展望，吸引投资者的青睐和追捧。然而，不可忽视的是，在我国这样一个市场发育尚不成熟、法律和制度环境有待健全和完善的经济转轨期国家，政府干预作为一种必不可少的补充和替代机制，在经济发展中仍然扮演着非常重要的角色；而在资源有限且分配不均衡、市场自由配置功能不健全的客观限制下，企业若想更加便利地获得未来发展所需的各项资源，实现经营目标，也不得不对政府形成深度依赖，被动或主动地接受来自政府的各种形式的干预。总之，行政力量对企业日常经营和决策的影响程度很大，并渗透于各个方面。而地方国有上市公司是我国上市公司队伍的"主力军"，它们是区域经济增长的"领头羊"，是地方官员政绩的重要"名片"，地方政府不仅是地方国有上市公司所在地的行政管理者，更是地方国有上市公司真正意义上的大股东和实际控制人。从某种意义上说，地方国有上市公司所承担的不仅仅是简单的企业自身经营目标，还有政府及官员加诸的公共治理目标、政绩目标乃至寻租目标等。对于地方政府而言，地方国有上市公司与其具有较深的历史渊源和"血缘关系"，是转移各项政府目标和政策性负担的有利载体，受政府干预的影响程度总体上比民营上市公司更深。尽管地方国有上市公司往往因此获得了政策扶持、银行贷款、财政补贴等多方面的倾斜和优惠，但也必须注意到，因政府干预而导致的地方国有上市公司低效率投资、分散主业经营发展目标的多元化经营、资本成本增加等现象，在一定程度上妨碍了地方国有上市公司的市场化运作，"掏空"了公司价值，也浪费了本应产生高效率的公共资源，这是政府干预"掠夺之手"的体现。那么，在地方国有上市公司的资产注入活动中，政府干预对上市公司的"掠夺之手"是否也显著存在？地方国有上市公司资产注入是否真如形形色色的公告所宣称的那样，起到了提高公司资产质量、优化上下游产业链进而提高公司未来绩效的作用？政府干预对地方国有上市公司资产注入后的绩效到底有何影响？这是本书要探讨的第一个方面的问题。

企业的各项经营业务、决策及相应的经济后果，是受多个因素共同影响的。如果说政府干预是探讨企业行为及其经济后果时不能回避的外部因素,那么企业内部的公司治理水平、股权结构、技术发展程度、人员构成等则是影响企业经济活动和绩效的重要内部因素。这些内部因素需要通过外部因素起作用,同时也在一定程度上对外部因素影响的程度、效果等产生促进或抑制,要全面探寻其中的作用机理,就不能将内、外部因素孤立开来研究。在我国上市公司内部,一个有趣的现象是,不少上市公司都不是通过"一控一"的直接控股模式被其大股东控制,而是通过"一控多"的金字塔式持股模式为其大股东所控制:大股东不直接控制上市公司,而是借助于股权投资方式,引入外来公司,由它们逐级控制上市公司,大股东再控制这些外来公司,从而形成多控制层级、多控制链条的金字塔股权结构。在国有企业集团,自我国 20 世纪 80 年代中后期的国有企业改革至今,金字塔股权结构早已成为各级政府对国有上市公司最为普遍的控股模式。在金字塔股权结构下,各级政府(由国资委代表)位于顶端,享有所有者权益,并对所有国有资产实行统一管理和监督;国有资产经营公司受各级政府委托,具体负责国有资产的经营管理,并通过股权投资的方式,将各国有企业变为自己的子公司、孙公司等,其中达到 IPO 条件的企业可单独作为股份有限公司发行股票上市。尽管在一些研究中,金字塔股权结构被视为强化大股东控制权、便于大股东侵占中小股东利益的隐蔽工具,但其有效配置公司内部资源、防御政府等外部利益相关者对上市公司干预等积极的"支持"作用也得到了证实。那么,若政府干预在地方国有上市公司资产注入活动中存在明显的"掏空"动机和"掠夺之手"效应,当政府通过金字塔股权结构控制地方国有上市公司时,金字塔股权结构是否能充分发挥其防御政府干预的效果,从而在一定程度上缓解政府干预对资产注入绩效的损害?当地方国有上市公司通过更多的层级和链条数为政府所间接控制时,金字塔股权结构防御政府干预、抑制"掏空"的效果是否也更加明显？这是本书要探讨的第二个方面的问题。

沿着以上研究思路，带着上述研究问题，本书以我国地方国有上市公司为研究对象，以上市公司资产注入事件为研究切入点，以市场失灵理论、外部性理论、政府"掠夺之手"与"支持之手"理论等政府干预的相关理论和企业所有权与控制权分离理论、内部资本市场理论、"掏空"与"支持"理论等金字塔股权结构的相关理论为理论基础，探讨了政府干预、金字塔股权结构、资产注入绩效间的关系。本书基于我国是一个处于转轨期的新兴市场国家这一宏观背景，构建理论分析框架，并建立实证模型，结合2006—2011年我国资本市场的经验数据进行实证检验，得到了以下几个研究结论。

（1）由于我国的经济转型特征，相对于发达的市场经济体而言，我国的市场经济仍处于一个制度、体系等都有待进一步健全和完善的阶段，市场的资源配置作用还不能得到最为充分的发挥，因而政府对经济的干预依然是我国当前市场经济发展中的重要力量和市场失灵时的替代机制。然而，在企业经济活动中，由于政府和企业的目标函数存在不一致，政府及官员牺牲企业经营目标以优先满足自身政治目标、社会治理目标等的现象较为普遍，他们迫切需要通过一些途径和手段来干预企业，以便在短期内快速实现自身目标、转移负担，并在政绩观驱动下的晋升竞争中胜出。一方面，从政府干预企业的实现路径来看，资产的并购重组是能够较快满足政府及官员有关诉求的主要方式之一；另一方面，从上市公司所有权性质来看，在各个地区，地方国有上市公司多由地方国资委或大型国有集团控制，而这些部门或集团代表地方政府充当地方国有上市公司的所有者，真正的控制主体就是地方政府，因而相对于私人控制的民营上市公司而言，地方国有上市公司受政府干预的影响更为深入和频繁。资产注入是股权分置改革后企业热衷于采用的一种并购重组模式，作为地方国有上市公司的实际控制人，地方政府有动机也有条件将一些未上市的劣质资产注入地方国有上市公司，这样能在短期内进一步扩大地方国有上市公司规模，甩掉盈利性差、流动性差的国有资产"包袱"。对于地方政府及官员而言，这是政绩的体现，但对于地方国有上市公司而言，这些资产不仅不能带来边际利润，还可能与公司的主营业务关联性不大，不能产生较好的资源整合效应，反而对未来的绩效产生"拖后腿"的不利后果，政府干预下的"拉郎配"式资产注入更可能在以后对地方国有上市公司绩效产生"掠夺"效应。而民营上市公司虽然也面临一定程度的政府干预，但地方政府毕竟不是其大股东和实际控制人，再加上防止国有资产流失的考虑，政府通常不会强制要求民营上市公司接纳这些政府控制的资产；民营上市公司大股东在向上市公司注入自己控制的资产时，也会比国有大股东更全面考虑资产注入后的公司绩效是否能有所提高、是否有助于促进股东财富的增长。因此，本书认为，从产权性质上看，相对于民营上市公司的资产注入，地方国有上市公司资产注入后的公司绩效更差。基于以上分析，本书通过对相关数据的实证检验，证明了这一结论。

（2）受区位条件、历史变迁和国家政策等的影响，我国各省份的经济发展、基础设施建设、人民生活水平乃至政府治理成熟度等方面都存在较大差异。总体而言，从东部沿海地区向西部内陆地区，地区的市场化程度呈现由高向低递减的趋势。在我国，市场化程度较高的地区尽管与世界上的发达国家和地区相比，仍有一定差距，但相对于市场化程度较低的地区，其市场经济、资金和人才的吸纳及利用能力、制度建设和执行、监管和惩处力度等已发展到一个较为成熟、完善的层次和水平，市场竞争更趋于良性化，各种信息能在市场上得到及时、有效的呈现和反馈，公司治理机制等也能更好地发挥作用。与市场化程度呈现出近似于"此消彼长"的关系的则是政府干预程度，地区市场经济水平的不断完善和提高意味着市场在经济发展、资源配置等方面的决定性作用愈加显著，相应地，政府干预这一市场替代机制的作用范围和程度会有所缩减、弱化；反之，市场化程度越低的地区，政府对辖区内经济发展、企业活动等的干预程度就越高。

由此，对我国地方国有上市公司所在地的政府干预程度和市场经济发展程度进行相应量化后，政府干预对地方国有上市公司资产注入后公司绩效的影响情况能得到更深刻的考察。当地方国有上市公司面临的政府干预程度越高时，政府拥有越多的便利来对上市公司资产注入活动施加行政压力、转移政府目标和政策性负担，通过强制推动地方国有上市公司资产注入来"掏空"上市公司和向自身输送利益的动机、效应也越强。而当地方国有上市公司处于市场经济发展程度越高的地区时，市场在资源配置中的决定性作用越能得到强化，良好的法律监管机制和执行效率也能够对利益侵害、权力寻租等行为起到较大的约束，从而在一定程度上抑制资产注入中的政府干预对地方国有上市公司所产生的"掠夺之手"。因此，本书认为，从政府干预水平和市场化进程上看，地区的政府干预程度越强和市场经济发展程度越低时，地方国有上市公司资产注入后的公司绩效越差。基于以上分析，本书采用樊纲等（2011）编制的"中国市场化指数"的有关指标，按照上市公司所在省份对其所面临的政府干预程度和市场经济发展程度加以度量，并对相关数据做实证检验，从而证明了理论分析的结论。

（3）我国地方国有上市公司的金字塔股权结构是伴随着国有企业改革的逐步推进而形成和发展的，国家在大型国有企业集团引入金字塔股权结构的初衷就是为了在保证国有产权不动摇的前提下，渐进性推动国有企业政企分开，强化企业自主经营权和市场主体地位，并推动政府职能的进一步明晰。随着我国证券市场的成立和壮大，越来越多的国有企业在政府和集团的推动下成为上市公司，而顺应新形势下国有上市公司的管理需要而设立的中央和地方国资委，不仅解决了所有者缺位问题，还最终确立了国有资产管理部门（国资委）—国有资产经营公司—国有企业（包括国有控股上市公司）的三级国有公司金字塔持股模式。金字塔股权结构在政府和地方国有上市公司之间插入了多个中间层公司，提高了政府干预地方国有上市公司的成本，抑制了政府对地方国有上市公司的干预，并在市场不健全、法律保护程度较弱时成为地方国有上市公司防御政府干预、减轻政府干预"掠夺之手"的重要替代机制。因此，本书认为，由于金字塔股权结构具有抑制政府干预的功能，相对于没有金字塔股权结构的地方国有上市公司，在有金字塔结构的地方国有上市公司，政府干预对资产注入后的公司绩效的"掠夺"程度得到显著缓解。基于以上分析，本书利用我国上市公司的经验数据，对理论假设做实证检验，并证明了这一结论。

（4）金字塔股权结构的显著内部特征之一是其具有多控制层级和控制链条，这样的控制特征是导致政府干预上市公司难度增大的主要原因。当金字塔结构的纵向层级增多时，某些层级的代理人同时也是委托人，更多严重的多层代理问题随之产生，控制链上各公司之间的利益冲突会更严重，这将会导致信息传递缓慢、滞后，产生较高的信息传递成本，由此导致代理成本增加，而这些增加的代理成本和信息传递成本有相当一部分必须由政府承担，政府在权衡干预的成本和收益之后会选择进一步"放权"，从而减少对位于金字塔底部的地方国有上市公司的干预；当金字塔结构的横向代理链增多时，中间层容纳的公司数量得到更大范围的扩充，政府的干预行为会受到越多链上的公司和自然人的干扰，加剧政府面临的信息不对称程度，并进一步增加了政府为实施干预和侵占行为所需承担的代理成本、监督成本等，因而也能有效抑制政府对地方国有上市公司的各种干预。

由此，当地方国有上市公司进行资产注入时，金字塔内部的层级越多，链条数越多，其内部的委托—代理关系和由此导致的冲突、干扰等就越多，身为终极控制人的政府干预上市公司资产注入行为所产生的代理成本、信息传递成本、监督成本等也越高。当这些成本高于政府期望通过对上市公司资产注入的干预而取得的各种收益时，政府及官员的理性行为是相应减少对地方国有上市公司资产注入活动的干预，从而使得地方国有上市公司资产注入中的政府"掏空"程度降低，公司资产注入后的绩效得到一定改善。因此，本书认为，金字塔股权结构的层级越多、链条数越多的地方国有上市公司，金字塔股权结构对资产注入中政府干预的抑制作用越明显，并且抑制政府干预对资产注入后公司绩效的"掠夺"、改善公司绩效的程度要强于金字塔层级、链条数较少的地方国有上市公司。基于以上分析，本书根据金字塔层级和链条数的中位数，对样本公司金字塔层级、链条数的多少进行划分，利用相应数据做实证分析，证明了上述结论。

综合以上研究结论，本书证实，我国地方国有上市公司的资产注入多在政府的强力干预、推动下进行，政府的"掠夺之手"在其中有较强体现，总体而言，这样的资产注入对地方国有上市公司的未来绩效不但没有显著的提高作用，甚至还损害了公司绩效，不利于地方国有上市公司自身的发展和经营目标的实现，也未真正实现资源的有效配置和优化整合；而地方国有上市公司内部的金字塔股权结构的确是防御外部政府干预的一种有力机制，其多层级、多链条的内部特征对地方国有上市公司资产注入中政府干预的"掠夺之手"具有显著的抑制作用，在一定程度上缓解了政府干预对资产注入后公司绩效的负面影响。

7.2　政策建议

我国的改革开放已走过三十多年的历程，国有企业改革一直是其中一项关系国计民生的重大议题，因为国有企业在我国企业中占有非常高的比例，无论是在拉动经济增长、保障生产和生活资料供给、增加财政收入方面，还是在扩大就业、吸收社会富余劳动力、服务社会、维护社会稳定等方面，国有企业都具有举足轻重的地位，它是我国社会主义市场经济的"第一主体"。如何深化国有企业改革、减轻过度政府干预对国有企业的负面影响，完善国有企业内部治理结构、加快推动政企分开，这些都是需要更加积极面对和解决的问题。本书以我国地方国有上市公司资产注入作为一个切入点进行了研究，针对我国地方国有上市公司资产注入中存在的政府干预问题及金字塔股权结构在其中所扮演的角色，本书提出如下的政策建议。

（1）美国学者伯恩斯（Burns）曾经说过："一切权力都有危险性，因此，唯一公道的政府只能是一个权力有限的政府。"① 我国知名经济学家钱颖一也提出："法治下的政府是有限政府，法治的一个重要的作用是约束政府……在法治国家，政府的行为受到法律的约束。在此条件下，政府如何成为有效政府，是能否建立一个好的市场经济的重要因素。"② 这些观点都有共同的核心思想，那就是：政

---

① 〔俄〕爱·麦·伯恩斯：《当代世界政治理论》，曾炳钧译，商务印书馆，1983。
② 引自《钱颖一：政府与法治》，共识网，北京：2013 年 1 月 10 日，http://www.21ccom. net/articles/zgyj/ggzhc/article_2013011074732.html。

府的一切权力都应在法律许可的范围和边界内行使，并且有一定的力量和机制来对政府权力的行使做出监督和规范，一旦政府有"越界"行为时，能得到及时的纠正、引导；在市场经济条件下，当市场能够在经济运行和发展的过程中自主发挥作用、处理问题时，就应交由市场去调控和解决，政府不应无限制地代替市场对经济进行过多干预；政府应当根据国家和地区经济发展所处的周期、面临的特殊情况、产生的特定问题等去适时放松或加紧干预的程度、调整干预的手段和方式，既不能完全放任不管、任凭经济随市场去"肆意、无序地发展"，也不可把政府意志全部强加于市场之上、干预"过头"而压制了经济的自主发展，一个权力有限却能有效率地运行的政府，一定要能根据当前的市场状态和经济运行情况去合理调节干预、管制的力度，在市场自主作用与政府适度干预间寻找到最佳的平衡点。

在改革开放前相当长的一段时期，我国政府更像是一个"无限政府"，在社会治理、资源分配、生产布局、经济调控等方方面面充当"全能大管家"，几乎一手包办了整个国家的政治、经济和社会事务。在市场有效性低、缺乏竞争压力的计划经济时期，这种一切管理权力高度集中于国家和政府、生产要素和收支等的分配划拨都由政府统一主导的模式尚能满足经济运行的基本要求，但也直接导致了企业的一切行为都受到政府控制，经营管理的自主权极度缺乏，陷入了生存、发展不取决于市场却取决于行政干预的"怪圈"之中，其作为经济主体理应具有的积极主动性实际上几乎不能发挥出来，只能成为国家和政府的"依附者"，这样的发展方式无论是对企业自身还是对整个国民经济都是不可取的，它磨灭了企业的创造力和开放性，严重阻碍了企业的健康发展，进而对社会主义经济活力的发挥和国家综合实力的提高产生负面影响。而改革开放后，我国社会主义经济迈入全新的发展道路，从计划经济向市场经济改革的全面推进和深化，无论对政府还是企业，都提出了新的要求，需要二者均做出幅度不小的转变。理论上，企业应该具有相对独立性，这种相对独立性一方面要求政府对企业适当放权，不再像以前一样迫使企业完全依附于国家；另一方面转轨时期的特质又决定了企业的经营管理和相关决策的制定、执行等不能完全独立于政府，其行为需要受到政府一定的管制和约束，以免因短时间内自主权过于"放开"而造成经济活动混乱和失控。然而，在多年的经济实践中，一个事实是，由于计划经济时代根深蒂固的一些理念难以消除，部分政府部门腐败现象充斥其中，与市场经济要求相适应的新制度也尚在不断调整和完善，因而政府在对整个市场经济和其中的经济主体——企业的干预、管制中，仍然存在很多的"越位"情况，政企不分、各方利益纠缠不清的问题得不到根本解决，企业权益受侵害的现象还比较普遍，市场对经济的主导功能也无法充分施展（李江，2003）。本书虽只从资产注入这一项企业经济活动的角度验证了政府干预的"掠夺之手"，但"管中窥豹，可见一斑"，依然能够从中看出我国当前普遍存在的政府干预不当和过度、政企关系尚未彻底理顺、国有企业运营效率有待提高等种种亟待解决的问题。

综上所述，本书认为，我国目前仍处于制度的转型期，首先不能否认的是，政府这只"看得见的手"依然在市场经济的很多方面发挥关键作用，即使以后市场已经发展到一个高度成熟、完善的阶段，政府对经济的干预依然有其存在的价值和必要性；但同时，也必须充分意识到，政府干预并不代表政府在任何时候、任何方面都应当代替市场来行使主导功能，而且"经过二十多年实践，我国社会主义市场经济体制……仍然存在不少束缚市场主体活力、阻碍市场和价值规律充分发挥作用的弊端。这些问题不解决好，完善的社

会主义市场经济体制是难以形成的，转变发展方式、调整经济结构
也是难以推进的"。① 由此，本书认为，要让市场"看不见的手"的
活力和决定性作用充分发挥出来，让企业尤其是国有企业拥有更多
真正意义上的自主决策权，使企业能优先根据市场需求和自身发展
需要而非"长官意志"做出决策，应着重从以下几方面进行改进：
首先，必须明确政府和市场的有效作用边界，因为政府目标和市场
目标并不一致，政府及官员过分强调自身目标的实现、追逐政治和
社会管理层面的利益，可能与市场和企业的目标发生冲突，导致企
业无所适从，而科学、合理地界定政府职能，将政府干预的方式、
范围等以明确的制度界定下来，把市场与政府的作用边界划分清楚，
对于市场调节和政府调控效率的提高都是大有裨益的；其次，应将
市场化改革从广度和深度上推进，既要以明确的制度形式来规范政
府和官员行为，又要充分考虑地方政府及官员的实际情况，有针对
性地设计更加科学、灵活的政绩考核标准和机制，通过这些措施来
逐步减少政府对企业的过度干预，使地方各级政府愿意放手让统一
开放、有序竞争的市场去承担经济调节的最主要职能，变"政府主
导企业"为"市场主导企业"，这样才能给予企业更加充分的资源
配置，强化企业在市场经济中的话语权和主体地位，让其发展不再
"缩手缩脚"，并使其拥有创造财富、服务社会主义市场经济的更大
空间；最后，当时机成熟时，政府可以考虑给予政府与市场之外的
第三方力量一个"大展拳脚"的空间，借助一些非政府性质的中介
组织，如行业协会、会计师事务所等，把部分政府职能社会化，让
这些中介组织代替政府对市场活动和企业行为进行监督、评价和协
调，既使政府的管理压力得到一部分的转移和分担，又能通过专业

---

① 引自《习近平："看不见的手"和"看得见的手"都要用好》，新华网，北京：2014 年 5
月 27 日电，http://news.xinhuanet.com/politics/2014－05/27/c_1110885467.htm。

的组织力量来更好、更科学地引导企业发展、优化市场经济的运行效率。

（2）金字塔股权结构在股权集中度高的国家普遍存在，是目前上市公司终极控制人控制公司的常用模式，它在我国的兴起和发展更是紧紧围绕着国有企业改革、政府职能转变等大背景，并且早已为国有企业集团所广泛运用。尽管金字塔股权结构存在一些弊端，如为终极控制人强化自身控制权、进行更加隐蔽的关联交易、侵占公司资源和中小股东利益等提供了便利，但我们也应看到，在我国的国有企业，金字塔股权结构仍然发挥出一定的积极效果，它缓解了国有企业集团内部的公司所面临的融资约束，对资源进行更合理的配置，并且能够约束身为国有企业终极控制人的政府的权力，增加政府干预国有企业经济活动的各类成本，从而弱化政府干预对国有企业的"掏空"动机和"掠夺之手"。本书的研究就从资产注入的角度证明，金字塔股权结构对于抑制我国国有企业面临的政府干预、缓解政府"掠夺之手"对企业的负面影响等产生了积极作用，并且其层级和链条数的增多还强化了对政府干预的防御功能。

综上所述，本书认为，一方面，既然金字塔股权结构能够在一定程度上保护国有企业免受政府"掠夺之手"的不利影响，那么，我国国有企业应该进一步对内部的股权结构和治理机制进行优化、完善，必要时可对金字塔结构的层级和代理链进行拓展延伸，将金字塔结构下的国有资产管理体制层次做进一步细化，这有助于对政府这一国有企业实际控制人及代表政府行使管理职能的管理层进行更加有效的监督与制约，缓解因行政权力凌驾于企业利益之上而引发的低效或无效的经济决策与活动，进一步提高国有企业的运营效率。另一方面，需要注意的是，金字塔股权结构其实是在外部法律保护机制不健全的情况下，作为一种法律机制的"替代物"来行使对企业及其内部股东的权益保护功能，但它毕竟只是一种公司内部机制，作用的范围和程度有限，不能确保在任何情境下都充分发挥出对外部干预力量的防御功能，也不能排除终极控制人在某些合适的时机下利用金字塔结构复杂的代理链等特性转而"掏空"公司、侵占中小股东利益的可能。因此，要切实保护国有企业各股东的合法权益、减少政府等大股东借助控股地位侵占公司利益的渠道和土壤，仅靠内部的金字塔股权结构还远远不够，必须加强外部法律和制度环境的建设，完善投资者的司法保护制度，建立一套完备的监督和惩罚机制以充分约束终极控制人行为，增加其"掏空"的成本；同时还要对资本市场进行更为有效的监管，构建动态、多层次、各部门功能互补的高效率监管体系，使得终极控制人一旦发生"掏空"国有上市公司、侵害中小股东权益的行为，即使程度不足以构成违法，也要承担高额的制度惩罚成本，即使是政府也不例外。通过建立、完善投资者保护法律和资本市场上的自律及他律制度，并与内部的金字塔结构紧密结合，最终构建起一道坚实的"防火墙"，使国有企业终极控制人借助政府干预力量来"掠夺"公司价值、向自身输送利益的行为无所遁形。

（3）在我国的上市和非上市公司，多数股权高度集中于少数大股东的现象非常普遍，国有企业也不例外，并且为了避免国有资产产权的流失，国有股一股独大、外来的非国有股东难以进入的现象已是常态，但这也造成了国有企业内部严重的代理问题和效率低下。可以说，造成地方国有企业饱受行政干预和"掏空"的根源，是地方政府对国有企业的超强控制。如果不能从源头上直面问题、解决问题，国有企业改革就难以继续深入下去。

综上所述，本书认为，要从根本上解决政府干预给国有企业带来的种种问题，还必须加快推进国有企业的产权改革，在国有企业中积极推进股份制改造，对部分非垄断行业的国有企业可通过引入私人股权、培育高质量的机构投资者、选聘职业经理人等方式来逐步淡化原来过于强烈的国有色彩；还可充分利用金字塔股权结构的融资优势，在国有企业引入其他所有制资本，发展国有资本和民间资本交叉持股、相互融合的混合所有制，让混合所有制成为倒逼国有企业健全现代化管理制度、加快自身健康成熟发育的有效机制，对国有大股东形成一定制约，改善"一股独大"的局面，从而使国有企业的经济行为更加规范有序。为此，本书建议，应积极推进混合所有制公司的建设，并且为了使混合所有制公司建设能够顺利推进，国有股在混合所有制公司中的持股比例不应达到控股地位，这样民营资本才会放心进入混合所有制公司；否则，如果在混合所有制公司中仍然是国有控股，民营资本会担心其投入的资本被政府"掏空"而不愿意加入混合所有制公司。

7.3　研究展望

针对本书在研究相应问题时可能存在的不足，笔者在未来的研究中将考虑从以下几个方面寻求更为深入的突破。

（1）延长研究的样本期间，同时考虑到地方国有上市公司处于不同的生命周期，盈利能力、负债情况、资源整合和内化能力等也不尽相同，研究政府干预和金字塔股权结构对地方国有上市公司资产注入绩效的影响，可能需要在对上市公司进行更细致、科学分类的基础上进行。未来应结合地方国有上市公司不同的发展阶段，从动态的、变化的角度验证相应问题，为相应政策和制度的完善提供更新、更贴近当前实际的经验证据。

（2）对政府干预和金字塔股权结构的度量指标进行新的拓展和

设计。目前涉及政府干预的研究，有的只是简单地按产权性质将上市公司划分为"国有（中央控制、地方政府控制）"和"非国有"，虽将各类型的上市公司都纳入研究样本，却不能从定量层面体现出不同样本公司受政府干预程度的差异；有的采用"中国市场化指数"或财政收支指标等度量政府干预，虽然能够量化政府干预的程度，却因指标具有很强的地域性特征，只适用于地方国有上市公司和民营上市公司，不能反映央企国有上市公司的政府干预情况。而涉及金字塔股权结构的研究，多以终极控制人的控制权、现金流权、两权分离度等作为量化依据，也有少数从金字塔的内部特征出发来设计金字塔结构的相关变量。未来可沿着实证研究设计创新的思路，寻找新的、合适的变量，以更加全面、综合地反映上市公司面临的政府干预及内部金字塔结构的主要特点。

（3）尝试运用多种实证研究方法，如个案研究、问卷调查、专家访谈等，以第一手的实地资料、档案为依据，更加直观、全面地考察企业与政府的关系、背后的作用机理及效果等，同时还可考虑对研究视角予以拓展，探讨政府干预、金字塔结构等内外部因素对企业其他的业务、经济活动等产生的具体影响。

参考文献

［1］ 陈德球、金鑫、刘馨：《政府质量、社会资本与金字塔结构》，《中国工业经济》2011 年第 7 期。

［2］ 陈晓红、尹哲、吴旭雷：《金字塔结构、家族控制与企业价值——基于沪深股市的实证分析》，《南开管理评论》2007 年第 5 期。

［3］ 陈信元、黄俊：《政府干预、多元化经营与公司业绩》，《管理世界》2007 年第 1 期。

［4］ 程仲鸣、夏新平、余明桂：《政府干预、金字塔结构与地方国有上市公司投资》，《管理世界》2008 年第 9 期。

［5］ 淳伟德：《政府控制与公司绩效：我国上市公司的实证分析》，《经济体制改革》2005 年第 6 期。

［6］ 邓建平、曾勇：《政治关联能改善民营企业的经营绩效吗》，《中国工业经济》2009 年第 2 期。

［7］ 邓建平、曾勇、李金诺：《最终控制、权力制衡和公司价值研究》，《管理工程学报》2006 年第 3 期。

［8］ 邓路、黄欣然：《集团大股东资产注入对上市公司价值的影响——基于中国船舶的案例分析》，《财务与会计》2009 年第 11 期。

[9] 杜勇:《资产注入、大股东支持行为与公司绩效》,《北京工商大学学报》(社会科学版)2013年第3期。

[10] 渡边真理子:《国有控股上市公司的控制权、金字塔式结构和侵占行为——来自中国股权分置改革的证据》,《金融研究》2011年第6期。

[11] 樊纲、王小鲁、朱恒鹏:《中国市场化指数——各地区市场化相对进程2011年报告》,经济科学出版社,2011。

[12] 范黎波、马聪聪、马晓婕:《多元化、政府补贴与农业企业绩效——基于A股农业上市企业的实证研究》,《农业经济问题》2012年第11期。

[13] 方军雄:《政府干预、所有权性质与企业并购》,《管理世界》2008年第9期。

[14] 冯素晶、陈海声:《政府干预、企业税负、区域属性与并购绩效》,《财会月刊》2013年第4期。

[15] 谷祺、邓德强、路倩:《现金流权与控制权分离下的公司价值——基于我国家族上市公司的实证研究》,《会计研究》2006年第4期。

[16] 韩亮亮、李凯:《民营上市公司终极股东控制与资本结构决策》,《管理科学》2007年第5期。

[17] 韩亮亮、李凯、徐业坤:《金字塔结构、融资替代与资本结构——来自中国民营上市公司的经验证据》,《南开管理评论》2008年第6期。

[18] 贺建刚、刘峰:《大股东控制、利益输送与投资者保护——基于上市公司资产收购关联交易的实证研究》,《中国会计与财务研究》2005年第3期。

[19] 黄建欢、尹筑嘉:《非公开发行、大股东资产注入与股东利益

均衡：理论与实证》，《证券市场导报》2008 年第 5 期。

[20] 黄兴孪、沈维涛：《政府干预、内部人控制与上市公司并购绩效》，《经济管理》2009 年第 6 期。

[21] 季华：《归核化、股权分置改革与资产注入绩效的影响研究》，《统计与决策》2013 年第 22 期。

[22] 季华、柳建华：《再融资动机、资产注入与盈余质量》，《安徽大学学报》（哲学社会科学版）2013 年第 4 期。

[23] 季华、魏明海、柳建华：《资产注入、证券市场监管与绩效》，《会计研究》2010 年第 2 期。

[24] 贾钢、李婉丽：《控股股东整体上市与定向增发的短期财富效应》，《山西财经大学学报》2009 年第 3 期。

[25] 黎来芳、王化成、张伟华：《控制权、资金占用与掏空——来自中国上市公司的经验证据》，《中国软科学》2008 年第 8 期。

[26] 李凯、邹恽：《金字塔控制、管理层持股与公司全要素生产率——来自中国制造业国有上市公司的经验证据》，《预测》2010 年第 2 期。

[27] 李善民、朱滔：《多元化并购能给股东创造价值吗？——兼论影响多元化并购长期绩效的因素》，《管理世界》2006 年第 3 期。

[28] 李增泉、辛显刚、于旭辉：《债务融资约束与金字塔结构》，《管理世界》2008 年第 1 期。

[29] 李增泉、余谦、王晓坤：《掏空、支持与并购重组——来自我国上市公司的经验证据》，《经济研究》2005 年第 1 期。

[30] 梁利辉、兰芬、张雪华：《终极控制股东产权性质、金字塔层级与会计稳健性》，《经济经纬》2014 年第 2 期。

[31] 刘东、张秋月、陶瑞：《政府在企业并购中的干预行为比较研

究》，《商业研究》2011 年第 6 期。

[32] 刘建勇、朱学义、吴江龙：《大股东资产注入：制度背景与动因分析》，《经济与管理研究》2011 年第 2 期。

[33] 刘培林：《地方保护和市场分割的损失》，《中国工业经济》2005 年第 4 期。

[34] 刘平洋、任国良、魏菲：《制度环境、金字塔结构与上市公司财务困境》，《云南财经大学学报》2014 年第 6 期。

[35] 刘启亮、李增泉、姚易伟：《投资者保护、控制权私利与金字塔结构——以格林柯尔为例》，《管理世界》2008 年第 12 期。

[36] 刘芍佳、孙霈、刘乃全：《终极产权论、股权结构及公司绩效》，《经济研究》2003 年第 4 期。

[37] 刘婷、唐宗明：《后股权分置时期大股东资产注入实证分析》，《科学技术与工程》2010 年第 1 期。

[38] 刘星、安灵：《大股东控制、政府控制层级与公司价值创造》，《会计研究》2010 年第 1 期。

[39] 刘星、吴雪姣：《政府干预、行业特征与并购价值创造——来自国有上市公司的经验证据》，《审计与经济研究》2011 年第 6 期。

[40] 刘行、李小荣：《金字塔结构、税收负担与企业价值：基于地方国有企业的证据》，《管理世界》2012 年第 8 期。

[41] 刘运国、吴小云：《终极控制人、金字塔控制与控股股东的"掏空"行为研究》，《管理学报》2009 年第 12 期。

[42] 茅铭晨：《政府管制理论研究综述》，《管理世界》2007 年第 2 期。

[43] 吕源、姚俊、蓝海林：《企业集团的理论综述与探讨》，《南开管理评论》2005 年第 4 期。

［44］ 罗党论、唐清泉：《金字塔结构、所有制与中小股东利益保护——来自中国上市公司的经验证据》，《财经研究》2008 年第 9 期。

［45］ 潘红波、夏新平、余明桂：《政府干预、政治关联与地方国有企业并购》，《经济研究》2008 年第 4 期。

［46］ 彭熠、邵桂荣：《国有股权比重、股权制衡与中国农业上市公司经营绩效——兼论农业上市公司国有股减持方案》，《中国农村经济》2009 年第 6 期。

［47］ 乔坤元：《我国官员晋升锦标赛机制的再考察——来自省、市两级政府的证据》，《财经研究》2013 年第 4 期。

［48］ 宋盛楠：《地方政府对上市公司并购的影响研究》，北京交通大学，2014。

［49］ 苏坤：《制度环境、产权性质与公司绩效》，《云南财经大学学报》2012 年第 4 期。

［50］ 苏勇、张军：《家族企业集团：金字塔结构、多元化经营、企业绩效——来自中国家族上市公司的经验证据》，《兰州学刊》2012 年第 5 期。

［51］ 孙自愿、梁庆平、魏慧芳：《政府干预、公司特征与并购扩张价值创造——基于资源基础理论视角》，《北京工商大学学报》（社会科学版）2013 年第 6 期。

［52］ 田利辉：《国有股权对上市公司绩效影响的"U"形曲线和政府股东两手论》，《经济研究》2005 年第 10 期。

［53］ 田满文：《政府干预、终极控制人变更与并购价值效应评价》，《财经科学》2012 年第 6 期。

［54］ 王蓓、姚惠宇、马丽亚：《金字塔式持股结构的纵向层级、横向跨度与公司价值——来自中国上市公司的实证研究》，《财

政研究》2013 年第 9 期。

[55] 王成方、林慧、于富生：《政治关联、政府干预与社会责任信息披露》，《山西财经大学学报》2013 年第 2 期。

[56] 王凤荣、高飞：《政府干预、企业生命周期与并购绩效——基于我国地方国有上市公司的经验数据》，《金融研究》2012 年第 12 期。

[57] 王晋军：《中国政府责任与实现途径》，《理论月刊》2008 年第 7 期。

[58] 王蕾蕾：《资产注入与大股东侵占问题研究》，《财会月刊》2010 年第 3 期。

[59] 王力军：《大股东控制、财务杠杆与公司价值——国有及民营上市公司治理的比较研究》，《证券市场导报》2006 年第 11 期。

[60] 王明琳：《支持、掏空与家族控制的金字塔结构》，《财经论丛》2007 年第 1 期。

[61] 王淑湘：《金字塔控股结构与掏空——基于中国家族上市公司的实证研究》，《浙江社会科学》2012 年第 8 期。

[62] 王贤彬、张莉、徐现祥：《地方政府土地出让、基础设施投资与地方经济增长》，《中国工业经济》2014 年第 7 期。

[63] 王铮：《中国转型期政府干预企业并购的动因分析》，《现代经济探讨》2003 年第 11 期。

[64] 王志彬：《中国集团公司整体上市与公司绩效关系的研究》，华中科技大学，2008。

[65] 吴文锋、吴冲锋、刘晓薇：《中国民营上市公司高管的政府背景与公司价值》，《经济研究》2008 年第 7 期。

[66] 夏立军、方轶强：《政府控制、治理环境与公司价值——来自

中国证券市场的经验证据》,《经济研究》2005 年第 5 期。

[67] 谢乔昕、张宇:《政府干预、经济影响力与融资约束》,《软科学》2013 年第 11 期。

[68] 徐浩萍、吕长江:《政府角色、所有权性质与权益资本成本》,《会计研究》2007 年第 6 期。

[69] 颜淑姬:《资产注入——利益输入或利益输出?》,《商业经济与管理》2012 年第 3 期。

[70] 杨道广、张传财、陈汉文:《内部控制、并购整合能力与并购业绩——来自我国上市公司的经验证据》,《审计研究》2014 年第 3 期。

[71] 尹希果、陈刚、潘杨:《分税制改革、地方政府干预与金融发展效率》,《财经研究》2006 年第 10 期。

[72] 尹筑嘉、文凤华、杨晓光:《上市公司非公开发行资产注入行为的股东利益研究》,《管理评论》2010 年第 7 期。

[73] 余晖:《政府与企业:从宏观管理到微观规制》,福建人民出版社,1997。

[74] 袁天荣、焦跃华:《政府干预企业并购的动机与行为》,《中南财经政法大学学报》2006 年第 2 期。

[75] 曾庆生、陈信元:《国家控股、超额雇员与劳动力成本》,《经济研究》2006 年第 6 期。

[76] 曾颖:《资产注入:支付手段与市场反应》,《证券市场导报》2007 年第 10 期。

[77] 张洪辉、王宗军:《政府干预、政府目标与国有上市公司的过度投资》,《南开管理评论》2010 年第 3 期。

[78] 张鸣、郭思永:《大股东控制下的定向增发和财富转移——来自中国上市公司的经验证据》,《会计研究》2009 年第 5 期。

［79］张祥建、郭岚：《资产注入、大股东寻租行为与资本配置效率》，《金融研究》2008 年第 2 期。

［80］张晓波、陈海声：《政府干预对上市公司并购绩效的影响》，《财会月刊》2013 年第 18 期。

［81］张信东、张莉：《金字塔股权结构下企业的零负债现象——基于中国民营上市公司的实证研究》，《经济与管理研究》2013 年第 8 期。

［82］章卫东：《定向增发新股与盈余管理——来自中国证券市场的经验证据》，《管理世界》2010 年第 1 期。

［83］章卫东、李海川：《定向增发新股、资产注入类型与上市公司绩效的关系——来自中国证券市场的经验证据》，《会计研究》2010 年第 3 期。

［84］章卫东、张洪辉、邹斌：《政府干预、大股东资产注入：支持抑或掏空》，《会计研究》2012 年第 8 期。

［85］赵卿：《政府干预、法治、金融发展与国有上市公司的过度投资》，《经济经纬》2013 年第 1 期。

［86］钟海燕、冉茂盛、丁雪峰：《地区差异、金字塔结构与公司价值》，《经济与管理研究》2012 年第 5 期。

［87］周开国、李涛：《国有股权、预算软约束与公司价值：基于分量回归方法的经验分析》，《世界经济》2006 年第 5 期。

［88］周黎安：《晋升博弈中政府官员的激励与合作——兼论我国地方保护主义和重复建设问题长期存在的原因》，《经济研究》2004 年第 6 期。

［89］周黎安：《中国地方官员的晋升锦标赛模式研究》，《经济研究》2007 年第 7 期。

［90］周中胜：《治理环境、政府干预与大股东利益输送》，《山西财

经大学学报》2007 年第 4 期。

[91] 朱红军、何贤杰、陈信元:《定向增发"盛宴"背后的利益输送:现象、理论根源与制度成因——基于驰宏锌锗的案例研究》,《管理世界》2008 年第 6 期。

[92] Alchian, "A. A. Some Economics of Property Rights", *Il Politico* 30 (4), 1965.

[93] Almeida, H., and D. Wolfenzon, "A Theory of Pyramidal Ownership and Family Business Groups", *The Journal of Finance* 61 (6), 2006.

[94] Almeida, H., and D. Wolfenzon, "Should Business Groups Be Dismantled? The Equilibrium Costs of Efficient Internal Capital Market", *Journal of Financial Economics* 79 (1), 2006.

[95] Attig, N., and Y. Gadhoum, "The Governance of Canadian Traded Firms: An Analysis of the Ultimate Ownership Structure", *SSRN Working Paper*, 2003.

[96] Attig, N., K. P. Fischer, and Y. Gadhoum, "On the Determinants of Pyramidal Ownership: Evidence on Dilution of Minority Interests", *EFA 2004 Maastricht Meetings Paper* No. 4592, 2004.

[97] Bae, K. – H., J. – K. Kang, and J. – M. Kim, "Tunneling or Value Added? Evidence from Mergers by Korean Business Groups", *The Journal of Finance* 57 (6), 2002.

[98] Baek, J. – S., J. – K. Kang, and I. Lee, "Business Groups and Tunneling: Evidence from Private Securities Offerings by Korean Chaebols", *The Journal of Finance* 61 (5), 2006.

[99] Barca, F., and M. Becht, *The Control of Corporate Europe* (Oxford: Oxford University Press, 2001).

[100] Bebchuk, L. A, "A Rent – Protection Theory of Corporate Owner-ship and Control", *NBER Working Paper* No. 7203, 1999.

[101] Berle, A. A., Jr., and G. C. Means, *The Modern Corporation and Private Property* (New York: The Macmillan Company, 1932).

[102] Bertrand, M., P. Mehta, and S. Mullainathan, "Ferreting out Tunneling: An Application to Indian Business Groups", *Quarterly Journal of Economics* 117 (1), 2002.

[103] Boycko, M., A. Shleifer, and R. W. Vishny, "A Theory of Pri-vatisation", *The Economic Journal* 106 (435), 1996.

[104] Chen, S., Z. Sun, S. Tang et al., "Government Intervention and Investment Efficiency: Evidence from China", *Journal of Cor-porate Finance* 17 (2), 2011.

[105] Cheung, Y., L. Jing, and T. Lu, "Tunneling and Propping up: An Analysis of Related Party Transactions by Chinese Listed Com-panies", *Pacific – Basin Finance Journal* 17 (3), 2009.

[106] Cheung, Y., P. R. Rau, and A. Stouraitis, "Tunneling, Prop-ping, and Expropriation: Evidence from Connected Party Transac-tions in Hong Kong", *Journal of Financial Economics* 82 (2), 2006.

[107] Claessens, S., J. P. H. Fan, and L. H. P. Lang, "The Benefits and Costs of Group Affiliation: Evidence from East Asia", *Emer-ging Markets Review* 7 (1), 2006.

[108] Claessens, S., S. Djankov, and L. H. P. Lang, "The Separation of Ownership and Control in East Asian Corporations", *Journal of Financial Economics* 58 (1 ~ 2), 2000.

[109] Claessens, S. , S. Djankov, J. P. H. Fan et al. , "Disentangling the Incentive and Entrenchment Effects of Large Shareholdings", *The Journal of Finance* 57 (6), 2002.

[110] Coase, R, "The Nature of the Firm", *Economica* 4 (16), 1937.

[111] Djankov, S, and P. Murrell, "Enterprise Restructuring in Transition: A Quantitative Survey", *Journal of Economic Literature* 40 (3), 2002.

[112] Du, J. L. , and Y. Dai, "Ultimate Corporate Ownership Structure and CapitalStructure: Evidence from East Asia", *Corporate Governance: An International Review* 13 (1), 2005.

[113] Faccio, M. , and L. H. P. Lang, "The Ultimate Ownership of Western European Corporations", *Journal of Financial Economics* 65 (3), 2002.

[114] Faccio, M. , L. H. P. Lang, and L. Young, "Debt and Expropriation", *SSRN Working Paper*, 2003.

[115] Faccio, M. , R. W. Masulis, and J. J. McConnell, "Political Connections and Corporate Bailouts", *The Journal of Finance* 61 (6), 2006.

[116] Fan, J. P. H. , T. J. Wong, and T. Zhang, "Organizational Structure as a Decentralization Device: Evidence from Corporate Pyramids", *SSRN Working Paper*, 2007.

[117] Fan, J. P. H. , T. J. Wong, and T. Zhang, "Politically Connected CEOs, Corporate Governance, and Post – IPO Performance of China's Newly Partially Privatized Firms", *Journal of Financial Economics* 84 (2), 2007.

[118] Fan, J. P. H. , T. J. Wong, and T. Zhang, "The Emergence of

Corporate Pyramids in China", *SSRN Working Paper*, 2005.

[119] Ferguson, T. , and H. – J. Voth, "Betting on Hitler—the Value of Political Connections in Nazi Germany", *The Quarterly Journal of Economics* 123 (1) , 2008.

[120] Friedman, E. , S. Johnson, and T. Mitton, "Propping and Tunneling", *Journal of Comparative Economics* 31 (4) , 2003.

[121] Frye, T. , and A. Shleifer, "The Invisible Hand and the Grabbing Hand", *The American Economic Review* 87 (2) , 1997.

[122] Granovetter, M. , "Economic Action and Social Structure: The Problem of Embeddedness", *American Journal of Sociology* 91 (3) , 1985.

[123] Harris, M. , and A. Raviv, "Corporate Control Contests and Capital Structure", *Journal of Financial Economics* 20 (1 ~3) , 1988.

[124] Hertzel, M. , M. Lemmon, J. S. Linck et al. , "Long – Run Performance following Private Placements of Equity", *The Journal of Finance* 57 (6) , 2002.

[125] Jensen, M. , and W. Meckling, "Theory of the Firm: Management Behavior, Agency Costs, and Ownership Structure", *Journal of Financial Economics* 3 (4) , 1976.

[126] Joh, S. W. , "Corporate Governance and Firm Profitability: Evidence from Korea before the Economic Crisis", *Journal of Financial Economics* 68 (2) , 2003.

[127] Johnson, S. , La Port, R. , F. Lopez – de – Silanes et al. , "Tunneling", *The American Economic Review* 90 (2) , 2000.

[128] Khanna, T. , and K. Palepu, "Is Group Affiliation Profitable in Emerging Markets An Analysis of Diversified Indian Business

Groups", *The Journal of Finance* 55 (2), 2000.

[129] Khanna, T., and K. Palepu, "Why Focused Strategy May Be Wrong for Emerging Markets", *Harvard Business Review* 75 (4), 1997.

[130] La Porta, R., F. Lopez – de – Silanes, and A. Shleifer, "Corporate Ownership around the World", *The Journal of Finance* 54 (2), 1999.

[131] La Porta, R., F. Lopez – de – Silanes, A. Shleifer et al., "Investor Protection and Corporate Governance", *Journal of Financial Economics* 58 (1 ~ 2), 2000.

[132] La Porta, R., F. Lopez – de – Silanes, A. Shleifer et al., "Investor Protection and Corporate Valuation", *The Journal of Finance* 57 (3), 2002.

[133] Lin, J. Y., F. Cai, and Z. Li, "Competition, Policy Burdens, and State – Owned Enterprise Reform", *The American Economic Review* 88 (2), 1998.

[134] Lins, V. K., "Equity Ownership and Firm Value in Emerging Markets", *Journal of Financial and Quantitative Analysis* 38 (1), 2003.

[135] Manjon, M. C., "The Trade – Off between Risk and Control in Corporate Ownership", *Journal of Institutional and Theoretical Economics* 160 (2), 2004.

[136] Megginson, W. L., and J. M. Netter, "From State to Market: A Survey of Empirical Studies on Privatization", *Journal of Economic Literature* 39 (2), 2001.

[137] Modigliani, F., and M. Miller, "The Cost of Capital, Corpora-

tion Finance and the Theory of Investment", *American Economic Review* 48 (3), 1958.

[138] Morck, R., and B. Yeung, "Agency Problems in Large Family Business Groups", *Entrepreneurship Theory and Practice* 27 (4), 2003.

[139] Myers, S. C., and N. S. Majluf, "Corporate Financing and Investment Decisions When Firms Have Information That Investors Do Not Have", *Journal of Financial Economics* 13 (2), 1984.

[140] Oi, J. C., "Fiscal Reform and the Economic Foundations of Local State Corporatism in China", *World Politics* 45 (1), 1992.

[141] Peltzman, S., "Toward a More General Theory of Regulation", *The Journal of Law and Economics* 19 (2), 1976.

[142] Peng, M. W., and Y. Jiang, "Family Ownership and Control in Large Firms: The Good, the Bad, the Irrelevant—and Why", *William Davidson Institute Working Paper* No. 840, 2006.

[143] Posner, R. A., "Theories of Economic Regulation", *The Bell Journal of Economics and Management Science* 5 (2), 1974.

[144] Prechel, H., *Big Business and the State: Historical Transitions and Corporate Transformation*, 1880s – 1990s (New York, State University of New York, 2000).

[145] Qian, Y., and C. Xu, "Why China's Economic Reform Differ: The M – Form Hierarchy and Entry/Expansion of the Non – state Sector", *Economics of Transition* 1 (2), 1993.

[146] Reese, W. A., Jr., and M. S. Weisbach, "Protection of Minority Shareholder Interests, Cross – Listings in the United States, and Subsequent Equity Offerings", *Journal of Financial Economics* 66

（1），2002.

[147] Riyanto, Y. E. , and L. A. Toolsema, "Tunneling and Propping: A Justification for Pyramidal Ownership", *Journal of Banking and Finance* 32 （10），2008.

[148] Roe, M. J. , *Political Determinants of Corporate Governance* （Oxford: Oxford University Press, 2003）.

[149] Ross, S. A. , "The Determination of Financial Structure: The Incentive – Signaling Approach", *The Bell Journal of Economics* 8 （1），1977.

[150] Roy, W. G. , *Socializing Capital: The Rise of the Large Industrial Corporation in America* （Princeton: Princeton University Press, 1997）.

[151] Sappington, D. E. M. , and J. E. Stiglitz, "Privatization, Information and Incentives", *Journal of Policy Analysis and Management* 6 （4），1987.

[152] Shirley, M. M. , and P. Walsh, *Public versus Private Ownership: The Current State of the Debate* （Washington D. C. : World Bank, 2000）.

[153] Shleifer, A. , and R. W. Vishny, "A survey of Corporate Governance", *The Journal of Finance* 52 （2），1997.

[154] Shleifer, A. , and R. W. Vishny, "Politicians and Firms", *The Quarterly Journal of Economics* 109 （4），1994.

[155] Shleifer, A. , and R. W. Vishny, *The Grabbing Hand: Government Pathologies and Their Cures* （Cambridge: Harvard University Press, 1998）.

[156] Stulz, R. M. , "Managerial Control of Voting Rights: Financing

Policies and the Market for Corporate Control", *Journal of Financial Economics* 20 (1~3), 1988.

[157] Tan, J., and R. J. Litschert, "Environment – Strategy Relationship and Its Performance Implications: An Empirical Study of the Chinese Electronic Industry", *Strategic Management Journal* 15 (1), 1994.

[158] Tzelepis, D., and D. Skuras, "The Effects of Regional Capital Subsidies on Firm Performance: An Empirical Study", *Journal of Small Business and Enterprise Development* 11 (1), 2004.

[159] Whitley, R. D., "The Social Construction of Business Systems in East Asia", *Organization Studies* 12 (1), 1991.

[160] Wiersema, M. F., and K. A. Bantel, "Top Management Team Demography and Corporate Strategic Change", *Academy of Management Journal* 35 (1), 1992.

后 记

　　一直很喜欢朱自清先生的经典散文《匆匆》里的一段话："于是——洗手的时候，日子从水盆里过去；吃饭的时候，日子从饭碗里过去；默默时，便从凝然的双眼前过去。"如白驹过隙，不知不觉间，我即将步入而立之年，虽仍身处象牙塔内，但角色、心境都已大不相同。学术研究是一条让人走得既艰辛又充实、"痛并快乐着"的路，从全然是个"门外汉"到成为半个"门里人"，越是日积月累、广师求益，我就越觉得自己才疏学浅、仍需修炼，内心越充满敬畏和不安。唯感庆幸的是，对大千世界，我那颗小小的探索之心还未完全磨灭；对美好生活，我那些热情和执着依然还能时不时发挥用武之地。未来到底会怎样？前面又会有什么等着我？还有太多的未知数，这令我会有憧憬与期待，也会有迷茫和困惑，但现在，我更愿意去做好当下，其他的就交给时间来解决吧。本书是在我博士毕业论文的基础上修改而成的，就把此拙作作为对过去的一个小小总结，装进无数发自肺腑的感谢与感恩，送给所有帮助过我、扶持过我、鼓励过我、爱护过我的人吧！

　　感谢我的博士生导师章卫东教授。他始终耐心、细致地给予我科研方面的训练和指导，培养我一丝不苟、脚踏实地的研究态度，提供给我不少宝贵的学习机会，更教会我很多重要的人生道理。恩师的谆谆教诲，我将铭记于心。

感谢我的硕士生导师余新培教授给予我各种指导和帮助、关心和支持。感谢周子剑老师在文献检索、思路整理、文稿写作等方面提供指导和启迪，并毫无保留地传授了不少宝贵经验。

感谢南昌大学经济管理学院、会计系的各位领导和同事，虽然目前我在南昌大学工作的时间不算太长，还是个"新人"，但在与他们的相处和共事中，他们专业负责的工作态度、严谨求实的学术精神和宽厚谦逊的做人品格已给我留下深刻印象，让我由衷佩服，并值得我去好好学习和思索。

感谢闫焕民、周熙登、张横峰、毛剑峰、冯倩、蒋珩、范博、雷子铖、陈乃铭等好友，无论在学术上还是生活上，我们都互相扶持、互相鼓励，每次与他们的交流，都令我颇受启迪、获益良多。感谢我的同门师兄弟、师姐妹们，他们让我感受到来自师门的深情厚谊。

感谢我的父母和其他亲人。从小到大，他们一直无条件支持我的每一个决定，尽全力为我创造最好的环境和条件，为我免除生活上的后顾之忧，在人生各个重要关口都默默陪伴我左右。然而，我却很少为他们分忧，甚至很多时候忽略了他们的感受，没有很好地关心他们。如今，该是我好好报答他们的时候了，而我对他们的"要求"，亦如他们对我的一样，那就是八个字：身体健康，平安快乐。

感谢所有为本书写作提供启发与借鉴的文献作者，站在他们的肩膀上，我才能看得更远；感谢社会科学文献出版社的高雁老师、王玉山老师，他们为本书的顺利出版提供了不少支持和帮助；感谢所有因篇幅所限而未能在此提及的朋友。因时间仓促和个人水平有限，书中难免有错漏之处，敬请广大读者、同仁批评指正。

回望来时路，每一个阶段都有一些适时出现在我生命中的"贵人"，或在顺境时分享快乐，或在逆境时守望相助，或在得意时指明方向，或在失意时温暖寒冬。我相信，这是天意，是缘分，更是幸运。他们如一盏盏明灯，将继续照亮我前行的路，有他们的陪伴，我不会孤单，只会更有勇气和冲劲。带着感恩和铭记，带着对自己和所有人的美好祝愿，带着新的希望，也带着一颗不变的初心，我将更加坚定、乐观地向着下一段征程进发！

成志策

2017 年 4 月于

南昌大学前湖校区

图书在版编目（CIP）数据

政府干预、金字塔股权结构与上市公司资产注入绩效
研究／成志策著． -- 北京：社会科学文献出版社，
2017.7

（南昌大学青年学者经管论丛）

ISBN 978 - 7 - 5201 - 1115 - 7

Ⅰ.①政…　Ⅱ.①成…　Ⅲ.①行政干预 - 影响 - 上市
公司 - 股权结构 - 企业绩效 - 研究 - 中国　Ⅳ.
①F279.246

中国版本图书馆 CIP 数据核字（2017）第 174073 号

南昌大学青年学者经管论丛

政府干预、金字塔股权结构与上市公司资产注入绩效研究

著　　　者／成志策

出 版 人／谢寿光

项目统筹／周　丽　高　雁

责任编辑／王玉山

出　　　版／社会科学文献出版社·经济与管理分社（010）59367226
　　　　　　　地址：北京市北三环中路甲 29 号院华龙大厦　邮编：100029
　　　　　　　网址：www. ssap. com. cn

发　　　行／市场营销中心（010）59367081　59367018

印　　　装／北京季蜂印刷有限公司

规　　　格／开　本：787mm × 1092mm　1/16
　　　　　　　印　张：15　字　数：187 千字

版　　　次／2017 年 7 月第 1 版　2017 年 7 月第 1 次印刷

书　　　号／ISBN 978 - 7 - 5201 - 1115 - 7

定　　　价／69.00 元